POLÍTICA EXTERNA CHINESA E PRIMAVERA ÁRABE
PEACEBUILDING NA RELAÇÃO CHINA-TUNÍSIA

Editora Appris Ltda.
1.ª Edição - Copyright© 2024 dos autores
Direitos de Edição Reservados à Editora Appris Ltda.

Nenhuma parte desta obra poderá ser utilizada indevidamente, sem estar de acordo com a Lei nº 9.610/98. Se incorreções forem encontradas, serão de exclusiva responsabilidade de seus organizadores. Foi realizado o Depósito Legal na Fundação Biblioteca Nacional, de acordo com as Leis nºs 10.994, de 14/12/2004, e 12.192, de 14/01/2010.

Catalogação na Fonte
Elaborado por: Dayanne Leal Souza
Bibliotecária CRB 9/2162

P659p
2024
	Pinton, João Pedro Matzenbacher
	    Política externa chinesa e Primavera Árabe: Peacebuilding na relação China-Tunísia / João Pedro Matzenbacher Pinton e Júlio César Cossio Rodriguez. – 1. ed. – Curitiba: Appris, 2024.
	    157 p. : il. color. ; 21 cm. – (Coleção Relações Internacionais).
	
	    Inclui referências.
	    ISBN 978-65-250-6735-3
	
	    1. Peacebuilding. 2. Política externa - China. 3. Tunísia. 4. Primavera Árabe. I. Pinton, João Pedro Matzenbacher. II. Rodriguez, Júlio César Cossio. III. Título. IV. Série.
	                                                                            CDD – 327

Livro de acordo com a normalização técnica da ABNT

Appris
editora

Editora e Livraria Appris Ltda.
Av. Manoel Ribas, 2265 – Mercês
Curitiba/PR – CEP: 80810-002
Tel. (41) 3156 - 4731
www.editoraappris.com.br

Printed in Brazil
Impresso no Brasil

João Pedro Matzenbacher Pinton
Júlio César Cossio Rodriguez

POLÍTICA EXTERNA CHINESA E PRIMAVERA ÁRABE

PEACEBUILDING NA RELAÇÃO CHINA-TUNÍSIA

Appris
editora

Curitiba, PR
2024

FICHA TÉCNICA

EDITORIAL	Augusto Coelho
	Sara C. de Andrade Coelho

COMITÊ EDITORIAL

Ana El Achkar (Universo/RJ)
Andréa Barbosa Gouveia (UFPR)
Antonio Evangelista de Souza Netto (PUC-SP)
Belinda Cunha (UFPB)
Délton Winter de Carvalho (FMP)
Edson da Silva (UFVJM)
Eliete Correia dos Santos (UEPB)
Erineu Foerste (Ufes)
Fabiano Santos (UERJ-IESP)
Francinete Fernandes de Sousa (UEPB)
Francisco Carlos Duarte (PUCPR)
Francisco de Assis (Fiam-Faam-SP-Brasil)
Gláucia Figueiredo (UNIPAMPA/UDELAR)
Jacques de Lima Ferreira (UNOESC)
Jean Carlos Gonçalves (UFPR)
José Wálter Nunes (UnB)
Junia de Vilhena (PUC-RIO)

Lucas Mesquita (UNILA)
Márcia Gonçalves (Unitau)
Maria Aparecida Barbosa (USP)
Maria Margarida de Andrade (Umack)
Marilda A. Behrens (PUCPR)
Marília Andrade Torales Campos (UFPR)
Marli Caetano
Patrícia L. Torres (PUCPR)
Paula Costa Mosca Macedo (UNIFESP)
Ramon Blanco (UNILA)
Roberta Ecleide Kelly (NEPE)
Roque Ismael da Costa Güllich (UFFS)
Sergio Gomes (UFRJ)
Tiago Gagliano Pinto Alberto (PUCPR)
Toni Reis (UP)
Valdomiro de Oliveira (UFPR)

SUPERVISORA EDITORIAL	Renata C. Lopes
PRODUÇÃO EDITORIAL	Bruna Holmen
REVISÃO	Pâmela Isabel Oliveira
DIAGRAMAÇÃO	Andrezza Libel
CAPA	Mateus de Andrade Porfírio
REVISÃO DE PROVA	Jibril Keddeh

COMITÊ CIENTÍFICO DA COLEÇÃO RELAÇÕES INTERNACIONAIS

DIREÇÃO CIENTÍFICA	**Ramon Blanco (UNILA)**
	Lucas Mesquita (UNILA)

CONSULTORES

Alexsandro Pereira (UFPR)
Andrea Pacheco Pacífico (UEPB)
Danielle Jacon Ayres Pinto (UFSC)
Dawisson Belém Lopes (UFMG)
Déborah Silva do Monte (UFGD)
Fernando Ludwig (UFT)
Gilberto Oliveira (UFRJ)
Jayme Benvenutto (UFPE)
Karina Lilia Pasquariello Mariano (UNESP)

Lara Selis (UFU)
Letícia Carvalho (PUC-MG)
Marcela Vecchione (UFPA)
Marcos Alan Ferreira (UFPB)
Júlio C. Rodriguez (UFSM)
Marta Fernandez (PUC-RJ)
Maurício Santoro (UERJ)
Muryatan Santana Barbosa (UFABC)
Roberto Menezes (UNB)

INTERNACIONAIS

Cécile Mouly - Facultad Latinoamericana de Ciencias Sociales (FLACSO) Ecuador
Daniela Perrotta - Universidad de Buenos Aires (UBA)
Nahuel ODonne - Instituto Social del MERCOSUR

Dedicado a todos aqueles que marcaram minha trajetória de vida: amigos e família, tanto próximos quanto distantes.

AGRADECIMENTOS

Aos meus pais e irmão, cujo apoio foi indispensável nessa longa caminhada, que me ajudaram e me compreenderam nos momentos difíceis e comemoraram comigo nos momentos de triunfo. O amor que sinto por vocês é imensurável.

Aos amigos próximos, que conheci ao longo da graduação, em projetos e aulas, que me acompanharam nessa jornada. Compartilhamos muitos momentos e sinto muita gratidão por essa oportunidade que tivemos de nos conhecermos.

Aos amigos de lugares mais distantes, inclusive de outros países, que ofereceram perspectivas e sugestões que foram importantíssimas para a conclusão desta obra.

À F5 Junior, projeto de extensão que foi indispensável em minha formação acadêmica e, consequentemente, na criação deste livro.

Aos professores do curso de Relações Internacionais, por todo o aprendizado que foi indispensável na composição desta obra.

A confiança na hipótese de que este livro poderia ter sido realizado sem toda essa ajuda é extremamente baixa.

PREFÁCIO

O livro escrito por João Pedro Pinton e Júlio Rodriguez se insere em um tempo de mudanças profundas na ordem internacional. A bipolaridade da Guerra Fria, seguida pela unipolaridade dos EUA nos anos 90, tem dado lugar a um mundo que é multipolar em tabuleiros diversos como os da economia global, da transição energética, das mudanças demográficas, das discussões ambientais e dos foros multilaterais. É nesse contexto que países emergentes como Brasil, Índia, África do Sul e Indonésia têm ganhado destaque. Porém, no tabuleiro da *high politics*, isto é, da disputa por poder político-militar e pela primazia hegemônica global, China e Estados Unidos estão abrindo, desde o começo dos anos 2010, um novo capítulo de bipolaridade na história, tendo a Rússia como terceira grande força, inclinada para o lado do gigante asiático.

A chave para entender o mundo que se descortina está em avaliar como tais potências se inserem no Sul Global e quais alternativas elas propõem para resolver problemas domésticos, regionais e sistêmicos. O livro tem o mérito de confluir três grandes temáticas que nos ajudam a entender este novo mundo: os estudos de segurança internacional voltados para a construção da paz; a história da política externa da República Popular da China; e os desdobramentos da chamada Primavera Árabe, em especial, na Tunísia. Mais do que simples descrição de fatos, os autores propõem um formidável debate teórico sobre os conceitos dos estudos da paz e de *peacebuilding* relacionando-os com a perspectiva chinesa de formação estatal e de política externa. Para tanto, fazem um denso mergulho na história dessa civilização para explicar a busca constante por ordem e estabilidade, tanto dentro quanto fora de suas fronteiras.

Esse esforço de caráter teórico e histórico culmina em um último capítulo de análise de um objeto específico: a atuação da China na reconstrução da ordem política na Tunísia após as conturbações sociais despertadas na Primavera Árabe. Ao analisar discursos, textos de oficiais do governo e notas diplomáticas, João e Júlio mostram que a China tem questionado a visão ocidental de democracia e se aproximado de países do Sul Global por meio de cooperação bilateral — inclusive militar — e de arranjos multilaterais como o Fórum de Cooperação China África (Focac).

Assim, o cerne da chamada "ideologia da estabilidade" consistiria em deixar de lado o messianismo de valores ocidentais, como direitos humanos e justiça social, e colocar em evidência os desafios de países em desenvolvimento, com a criação de projetos de cooperação e de investimento em setores de saúde, educação, transportes, comunicações, energia, entre outros. E o *peacebuilding* chinês diferenciar-se-ia da versão original do Ocidente precisamente por ter essa abordagem mais sistêmica e objetiva, descolada de valores morais.

Os autores deixam claro que a projeção chinesa no norte da África não é desprovida de interesses materiais como o acesso a recursos energéticos (petróleo e gás natural) e o combate a movimentos terroristas. Porém demonstram que os analistas internacionais precisam ampliar seu vocabulário e aprofundar-se na história e na atuação contemporânea da política externa chinesa se quiserem explicar de forma menos enviesada as transformações pelas quais a ordem mundial está passando.

Bruno Hendler
Professor do curso de Relações Internacionais da UFSM

A excelência suprema consiste em vencer o inimigo sem ser preciso lutar.

(Sun Tzu)

LISTA DE SIGLAS

BBC	British Broadcasting Corporation
BRI	Iniciativa Belt and Road
EUA	Estados Unidos da América
OCDE	Organização para a Cooperação e Desenvolvimento Econômico
ODA	Ajuda Oficial de Desenvolvimento
ONGs	Organizações Não Governamentais
ONU	Organização das Nações Unidas
OOF	Outros Fluxos Oficiais
PPCh	Partido Comunista Chinês
PKOs	Operações de *peacekeeping*
RPC	República Popular da China
URSS	União das Repúblicas Socialistas Soviéticas
WANA	Ásia Ocidental e Norte da África

SUMÁRIO

1
INTRODUÇÃO 17

2
REVISÃO BIBLIOGRÁFICA 27
2.1 O CONCEITO DE *PEACEBUILDING* 29
    2.1.1 Estudos da Paz e *peacebuilding* 29
    2.1.2 *Peacebuilding* liberal 37
    2.1.3 *Peacebuilding* com características chinesas...........................40
2.2 CONTESTAÇÃO E INTEGRAÇÃO DE NORMAS INTERNACIO-
NAIS... 47
2.3 HISTÓRIA, SELETIVIDADE, IDENTIDADE E NOSTALGIA...............50
2.4 CONCEITOS AUXILIARES 57

3
RAÍZES HISTÓRICAS DO *PEACEBUILDING* CHINÊS 59
3.1 PERSPECTIVA HISTÓRICA EM TRADIÇÕES DE POLÍTICA
EXTERNA..60
    3.1.1 O primado estratégico do interior da Ásia...........................61
    3.1.2 Desestímulo ao poder naval..63
    3.1.3 A doutrina de superioridade chinesa 65
    3.1.4 (Im)permanência das tradições e conclusões 67
3.2 MARCHA ATÉ O PODER GLOBAL: DÉCADAS DE RELAÇÕES
EXTERIORES 71
    3.2.1 Década de 1950: período de isolamento.................................72
    3.2.2 Década de 1960: de mal a pior...74
    3.2.3 Década de 1970: China junta-se ao mundo...........................75
    3.2.4 Década de 1980: otimismo e pessimismo 77
    3.2.5 Década de 1990: do isolamento à reabilitação......................78
    3.2.6 Década de 2000: diplomacia omnidirecional 79
    3.2.7 Década de 2010 e conclusões..80

3.3 OS LEGADOS DO PASSADO...83

    3.3.1 Império...83

    3.3.2 Autoritarismo 87

    3.3.3 O "século da humilhação": passado e presente e conclusões 88

3.4 EXPERIÊNCIAS NACIONAIS E EVOLUÇÃO ESTRATÉGICA............93

    3.4.1 Identidades estatais 94

    3.4.2 O imperativo de uma ordem pacífica...95

    3.4.3 Governança sob a RPC...97

    3.4.4 Insegurança na fronteira e confronto sino-americano 98

    3.4.5 Insegurança na fronteira e confronto sino-americano 99

    3.4.6 Parceria com os EUA e grande estratégia dengista 101

    3.4.7 Grande estratégia após 1989 e desilusão com os EUA.............. 103

    3.4.8 Em direção a uma grande estratégia revisada e a conclusões 105

3.5 CONSIDERAÇÕES PARCIAIS DO CAPÍTULO 112

4

PEACEBUILDING CHINÊS NA TUNÍSIA...................................... 117

4.1 A IDEOLOGIA DE ESTABILIDADE 118

4.2 PRIORIZAÇÃO DO DESENVOLVIMENTO ECONÔMICO............. 128

4.3 ESTADOCENTRISMO 131

4.4 LÓGICA DE PRIORIZAÇÃO REGIONAL 135

4.5 AVERSÃO A *TEMPLATES* DE POLÍTICA EXTERNA................ 141

4.6 CONSIDERAÇÕES PARCIAIS DO CAPÍTULO 144

CONSIDERAÇÕES FINAIS.. 147

REFERÊNCIAS... 149

1

INTRODUÇÃO

No universo de atividades internacionais de manutenção de paz, são recorrentes as práticas de *peacekeeping* (operações de paz internacionais, normalmente envolvendo o uso de tropas militares e tradicionalmente encontrado no âmbito onusiano); *conflict prevention and mediation* (medidas diplomáticas para evitar e mediar conflitos); *peacemaking* (ações voltadas a conflitos em andamento, geralmente com vistas à negociação entre as partes); *peace enforcement* (ações explicitamente coercitivas na preservação e construção da paz) e, finalmente, a prática de *peacebuilding*. Este é um conceito amplamente reconhecido e utilizado no universo anteriormente citado, e é o principal objeto de estudo desta investigação.

Embora não exista um consenso sobre os detalhes e limites da prática de *peacebuilding*, uma mínima definição comum pode ser construída a partir das delimitações tradicionais do conceito como uma complexa ação estruturante pós-conflito a médio e longo prazo com objetivo de impedir a recorrência de conflitos em um determinado país (Scanlon; Murithi, 2007; Organização das Nações Unidas, [2017?]; Ban, 2007).

Como o *peacebuilding* vai além de soluções militares ou puramente diplomáticas, sua articulação aproxima-se do conceito de *economic statecraft*. *Economic statecraft* é uma prática que busca atingir objetivos de política externa a partir de instrumentos econômicos (Baldwin, 2020; Oatley, 2019). Mastanduno (1999) divide a prática em duas grandes áreas: sanções negativas e sanções positivas. A primeira classificação refere-se a atos de constrangimento contra rivais no sistema internacional, como embargos e pressão monetária; enquanto a segunda é definida como "[...] the provision or promise of economic benefits to induce changes in the behavior of a target state" (Mastanduno, 1999, p. 303). Diversas ações no campo de *peacebuilding* podem ser classificadas e interpretadas a partir da ótica de sanções positivas de *economic statecraft*.

Em relação ao conceito de *peacebuilding*, observa-se que há nuances na sua aplicação considerando o contexto de política externa no qual está inserido. Nesse sentido, Adhikari (2021) propõe uma variante dentro do *peacebuilding*, chamando-a de "*peacebuilding* com características chinesas" — uma referência ao "socialismo com características chinesas", vigente na economia do país. A autora argumenta que esse tipo de *peacebuilding*, em contraste com os ideais de paz predominantes no Ocidente, tem como objetivo único a contenção do conflito, sendo regido por um vocabulário diferente no que diz respeito ao entendimento de paz. Esse tipo é composto por cinco características centrais: foco na construção de "estabilidade", priorização do desenvolvimento econômico, adesão condicional ao estadocentrismo, priorização de atores regionais na construção da paz e aversão a *templates* e modelos de políticas públicas nesse processo.

Yuan (2022) acrescenta que esse ideal de *peacebuilding* chinês não contesta a validade normativa que legitima as ações do *peacebuilding* ocidental, mas sim seu conteúdo e implementação, partindo de prioridades distintas. Em outras palavras, é possível afirmar que o *peacebuilding* chinês está muito mais próximo do *economic statecraft*, visto que o *peacebuilding* ocidental enfatiza a construção de instituições democráticas e a promoção de direitos humanos. Em contrapartida, ambos consideram legítima a intervenção internacional em certos casos, por isso compartilham de uma base normativa de legitimação, como mencionado anteriormente.

Duas preocupações orientaram o percurso desta pesquisa: uma prática e outra teórica. Em primeiro lugar, entender processos de construção de paz, especialmente processos alternativos, é de particular interesse para Estados do Sul Global, os principais "alvos" desses processos. Em nível teórico, Adhikari (2021) sustenta que há uma discrepância entre estudos sobre *peacekeeping* e *peacebuilding* chineses: considerando o grande volume de produção acadêmica sobre o primeiro em detrimento do segundo, além de existir certa confusão entre os dois conceitos. Dessa forma, um estudo de caso que investiga a aplicação empírica do *peacebuilding* chinês tem muito a contribuir para a compreensão científica na área.

Nesse viés, este livro busca analisar a atuação chinesa na Tunísia após a Primavera Árabe, escolhendo o período de 2011 a 2022, o que corresponde à ascensão de um novo regime na Tunísia após a revolta e à sua finalização com o autogolpe e subsequente erosão da autonomia do Judiciário no país. Sobre a escolha em específico, consideramos que o país é um caso forte para o teste das hipóteses relativas ao estudo devido a dois fatores, um interno ao contexto do país e outro externo. Internamente, a Tunísia foi o país no qual se iniciou a Primavera Árabe e, portanto, é um caso importante para compreender as ramificações do movimento. Por outra perspectiva, também é um forte exemplo de um país com alta demanda para *peacebuilding* após a conclusão de seu conflito civil. Externamente, autores como Chaziza (2018) têm destacado a expansão da presença internacional chinesa, particularmente em países do Sul Global, conjunto que inclui a Tunísia. Além disso, acontecimentos como o golpe de 2021 no país permitem o teste de variáveis relativas à estabilidade de instituições e sentimento democrático.

Embora a Tunísia não seja um exemplo clássico de um conflito armado, já que o movimento da Primavera Árabe que derrubou o governo em 2011 não ocasionou uma guerra civil como em outros países, deve-se considerar o contexto ao tratar como um caso de *peacebuilding*. A Primavera Árabe foi um intenso movimento de contestação do status quo na região que, inclusive, levou a conflitos maiores em países como a Síria e a Líbia — era, portanto, um grande foco de instabilidade, e sem uma visão retrospectiva não era possível afirmar que a Tunísia tornar-se-ia um Estado relativamente estável. De fato, como visto anteriormente, o foco na ideia de estabilidade é um dos principais aspectos do *peacebuilding* com características chinesas, de uma forma que o aproxima de ações de *conflict prevention* para evitar que essa instabilidade ocasione conflitos maiores.

Dessa forma, esta investigação tem como objetivo geral analisar em que medida a atuação da República Popular da China na Tunísia após a Primavera Árabe pode ser compreendida a partir das teorias de um *peacebuilding* com características chinesas". Para dar conta de tal de objetivo geral, elencam-se os seguintes objetivos específicos: i) revisar sistematicamente os conceitos de *peacebuilding*, tanto o chinês quanto outras vertentes, e conceitos adjacentes, de forma a sustentar teoricamente o trabalho; ii) analisar o histórico da política externa chinesa em busca das raízes do *peacebuilding* com características chinesas e como ele se encaixa em estratégias mais amplas de política externa; e iii) verificar, usando a lógica bayesiana de inferência, a confiança empírica em cada um dos componentes do mecanismo causal do *peacebuilding* chinês.

Este estudo utiliza uma versão particular do método hipotético dedutivo. Ao contrário do método hipotético dedutivo tradicional, baseado em uma lógica de falseabilidade, o método utilizado empregará a lógica de inferência bayesiana, como mencionado anteriormente. A lógica de inferência bayesiana busca avaliar a progressividade de hipóteses a partir da diferença entre a confiança na hipótese pré-análise empírica e pós-análise empírica, entendendo que evidências surpreendentes e notáveis ajudam a ampliar a confiança em determinadas teorias. O ideal a ser alcançado, portanto, é significativamente ampliar a confiança em uma determinada teoria ou hipótese a partir de evidências empíricas inesperadas ou improváveis, pois estas são argumentos mais robustos do que evidências amplamente consideradas comuns. Em outras palavras, uma evidência empírica de alta qualidade e caráter surpreendente, como um documento interno detalhado sobre uma determinada escolha de política externa, possui muito mais impacto que uma evidência comum como uma simples entrevista para a mídia de um agente do governo.

Um caso é um fenômeno ou evento "escolhido, conceitualizado e analisado empiricamente como manifestação de uma classe mais ampla de fenômenos e eventos" (Venesson, 2008, p. 226). Já o estudo de caso é uma abordagem de pesquisa em forma de investigação empírica com vistas a compreender a configuração de um número limitado ou até mesmo singular de casos, buscando uma explicação sobre o fenômeno que traga algum entendimento científico ampliado sobre o assunto.

Nesse caso em estudo, a pesquisa utiliza a técnica de *process tracing*. *Process tracing* é um procedimento que busca analisar como as condições iniciais de um caso se transformam em um determinado resultado (Van Evera, 1997). A partir de uma perspectiva interpretativista, a técnica busca não apenas descrever o que aconteceu, mas também como tais eventos e fenômenos aconteceram, bem como o contexto por trás deles, algo crucial para determinar a validade das hipóteses. Isso ocorre por meio da construção de um mecanismo causal, um dispositivo heurístico que busca esclarecer como a variável independente transmite suas "forças causais" para a variável dependente. Um mecanismo causal difere-se de variáveis intervenientes, pois é invariante e consiste em um sistema formado por diversos componentes que não possuem impacto se analisados fora do mecanismo (Beach; Pedersen, 2013).

Para guiar o andamento do *process tracing*, utiliza-se o conceito de "paz chinesa" proposto por Adhikari (2021) para articular um mecanismo causal ideacional para as ações da China na Tunísia pós-Primavera Árabe. O trabalho orienta-se a partir de duas hipóteses principais: i) a atuação chinesa pode ser explicada pelas ideias, ideologias e experiências históricas subjacentes ao conceito de "*peacebuilding* como características chinesas"; e ii) há um propósito dual na prática deste *peacebuilding*, que inclui a difusão de normas e ideias chinesas ao mesmo tempo que se integram normas internacionais dominantes de forma a construir a imagem de uma "potência responsável", de acordo com Benabdallah (2018) e Yuan (2022). A Figura 1, a seguir, ilustra o mecanismo causal utilizado para esta pesquisa:

Figura 1 – Mecanismo causal do *peacebuilding*

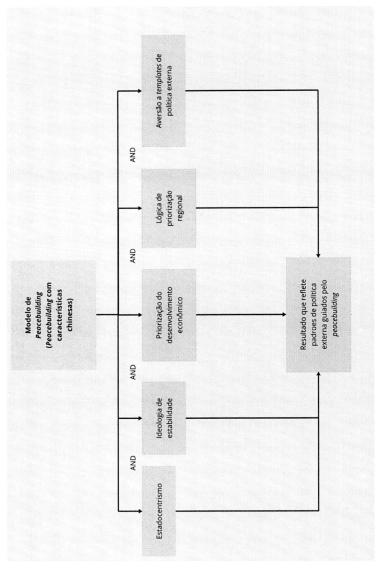

Fonte: elaborado pelo autor com base em Adhikari (2021) e Beach e Pedersen (2013)

O operador lógico AND indica que cada parte do mecanismo causal é uma condição necessária (mas não suficiente) para a transmissão das forças causais entre a variável independente (modelo de *peacebuilding*) e a variável em seguida, ou seja, o *peacebuilding* chinês difere-se da política externa chinesa de forma mais ampla por conter necessariamente todos esses atributos. Além disso, cada parte pode ser decomposta em *atores* e *atividades* realizadas por esses atores, guiados por uma condição antecedente à própria variável independente (Figura 2):

Figura 2 – Mecanismo causal destrinchado

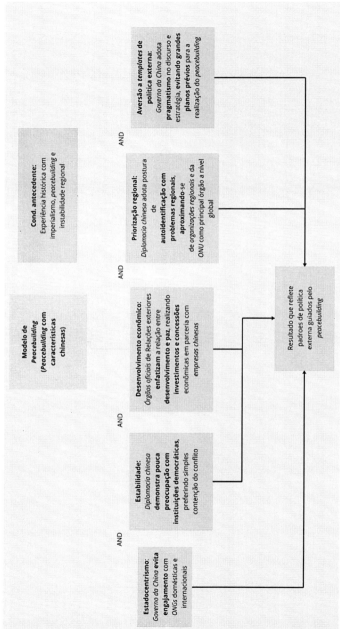

Fonte: elaborado pelo autor

Além disso, foram elaborados diversos testes empíricos de acordo com a classificação de Van Evera (1997). O primeiro, em relação à ideologia da estabilidade, é do tipo duplamente decisivo e almeja definitivamente provar ou desmentir esse componente. Na priorização do desenvolvimento econômico, foi realizado um teste *smoking gun,* com alto potencial para aumentar a confiança na hipótese, mas baixo poder de falsificação — o mesmo tipo de teste foi usado no componente de aversão a *templates* de política externa. Por fim, o estadocentrismo e a lógica de priorização regional utilizam *hoop tests* — testes com alto poder de falsificação, mas baixo poder de confirmação, e por isso foram realizados vários testes consecutivos para permitir uma maior atualização na confiança em relação à hipótese.

O relato de pesquisa deste livro está organizado em três capítulos além desta introdução e das considerações finais. No primeiro capítulo, apresenta-se uma revisão da literatura abordando os conceitos e princípios-chave desta pesquisa. No segundo capítulo, constrói-se uma perspectiva da história da política externa chinesa com vistas a traçar uma narrativa que auxilie na compreensão dos conceitos dos atributos do *peacebuilding* com características chinesas e movimentos de integração e disseminação de normas, além de inserir tais conceitos em uma visão mais ampla das relações exteriores chinesas. Por fim, no último capítulo, analisam-se e discutem-se os resultados empíricos da pesquisa com base na aplicação do mecanismo causal no caso tunisiano, assim realizando-se uma verificação empírica do *peacebuilding* com características chinesas de forma a atualizar a confiança nas hipóteses relacionadas a esse conceito.

2

REVISÃO BIBLIOGRÁFICA

Para que seja possível uma reflexão acerca do tema e das hipóteses apresentadas anteriormente, torna-se necessário revisar diversos conceitos relacionados ao assunto. Na seção 2.1, é traçada a trajetória de produção de conhecimento e constatações normativas sobre atividades de manutenção de paz, com enfoque no *peacebuilding,* de forma a esclarecer o seu uso nas hipóteses. Na seção 2.2, busca-se estabelecer uma concepção operacionalizável de contestação e integração de normas internacionais de forma a permitir uma investigação da atuação chinesa nesse sentido, algo necessário para a verificação da hipótese ii.

Além disso, para uma melhor compreensão e operacionalização dos conceitos descritos nessas seções, utiliza-se a estrutura de análise de conceitos em três níveis proposta por Goertz (2020). Conforme o pensamento do autor, todo conceito é formado por uma dimensão normativa, uma dimensão descritiva e uma dimensão causal, que se inter-relacionam para formar a dimensão ontológica do conceito, que podem ser expressos na concepção em três níveis. Nessa estrutura, há também uma preocupação com a mensuração do conceito:

Figura 3 – Estrutura em três níveis de um conceito

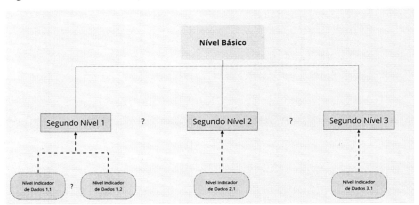

Fonte: adaptado de Goertz (2020)

O nível básico representa o conceito conforme é utilizado em hipóteses causais ou em análises teóricas, descritivas ou normativas. O segundo nível parte do entendimento de que conceitos são multidimensionais e incluem diversos atributos e características fundamentais; dessa forma, o segundo nível possui uma relação ontológica com o nível básico. Por fim, o nível indicador de dados agrega dados quantitativos (incluindo uma relação binária de presença/ausência de características) com uma relação indicativa com o segundo nível, isto é, os indicadores não devem ser confundidos com características que indicam a substância do conceito, pois são apenas formas de mensurar o conceito na realidade empírica. Entre as partes do segundo nível e os indicadores, há espaço para operadores lógicos, que mostram como os níveis combinam-se entre si para formar o nível superior.

A partir da segunda metade do trabalho, busca-se fundamentar a hipótese i. A seção 2.3 é composta por conceitos analíticos referente ao uso de narrativas históricas e nostálgicas na política externa chinesa, de forma a fundamentar essa primeira hipótese. Por fim, a seção 2.4 reúne conceitos auxiliares, como *economic statecraft*, capacidades estatais e determinantes de ajuda monetária internacional, assim auxiliando a análise empírica posterior para determinar o alcance do ideal de *peacebuilding* na política externa chinesa.

2.1 O CONCEITO DE *PEACEBUILDING*

Antes de realizar uma revisão aprofundada sobre o conceito de *peacebuilding* e atividades relacionadas, é preciso fazer uma distinção entre o fenômeno, a prática de *peacebuilding* e sua implementação contemporânea. Para os fins deste trabalho, utiliza-se a concepção moderna de *peacebuilding*, ligada aos conceitos de manutenção da paz internacional propostos no âmbito do sistema Organização das Nações Unidas (ONU). Admite-se, porém, que a prática de reconstrução de um país após um conflito é evidentemente mais antiga que a própria ONU, apenas tendo tomado um novo rumo com o surgimento desta. As subseções seguintes tratam de diferentes vertentes do *peacebuilding:* a subseção 2.1.1 traz vertentes ligadas ao campo de Estudos da Paz; a subseção 2.1.2 descreve a vertente do *peacebuilding* liberal; e, por fim, a subseção 2.1.3 apresenta o *peacebuilding* com características chinesas.

2.1.1 Estudos da Paz e *peacebuilding*

Como mencionado anteriormente, o fenômeno de *peacebuilding* pode ser observado após diversos conflitos na História, com destaque para o Plano Marshall após a Segunda Guerra Mundial. O conceito veio a ser sistematizado na obra de Galtung (1976). O autor explora novas e diferentes formas de manutenção da paz para além da tradicional balança de poder realista: *peacekeeping* internacional, *peacemaking* e, por fim, o *peacebuilding*.

O *peacekeeping* internacional é a primeira prática analisada, destacando-se dois atributos fundamentais: o escopo restrito e a necessidade de autorização por parte da ONU. Essa caracterização separa o *peacekeeping* dos domínios intraestatal e hegemônico--regional, como a Doutrina Monroe, que são caracterizados por um intervencionismo quase irrestrito. Operações de *peacekeeping* internacional oferecem diversas oportunidades para o propósito da paz ao mesmo tempo que contêm diversos desafios e contradições: os "alvos" de *peacekeeping* são invariavelmente países periféricos, e há dilemas gerados pela doutrina de não intervenção e soberania, já que muitas atrocidades e conflitos potencialmente dignos de intervenção são justificados como "assuntos internos" e protegidos pela autonomia estatal.

Peacemaking, conforme descrito pelo autor, seria uma maneira aparentemente óbvia de manutenção da paz: basta remover a tensão subjacente ao conflito para resolvê-lo. Porém há diferentes tipos de conflitos: i) o conflito de objetivos surge simplesmente a partir da (percepção de) incompatibilidade de objetivos, enquanto o conflito de interesses é mais profundo, enraizado. Por exemplo, um dos lados dominar o outro pode resolver o conflito de objetivos, mas o de interesses será mantido, o que demonstra a natureza complexa da sua resolução e, portanto, do *peacemaking*. Ademais, outros desafios incluem a natureza *ad hoc* do *peacemaking*; a dificuldade de garantir o cumprimento de acordos de paz após o final de um conflito e a consideração normativa de que um acordo realizado entre lados desiguais pode levar à manutenção ou ampliação de estruturas injustas de dominação.

A seguir, apresentam-se as 12 abordagens para a resolução de conflitos propostas por Galtung (1976), a partir dos conceitos de sistemas de atores (isto é, o número e padrões de interação entre as partes do conflito), do sistema do conflito em si (composto por conflitos de objetivos e interesses) e da preservação ou eliminação das incompatibilidades ou percepção de incompatibilidades entre tais objetivos. Há, portanto, três possibilidades, visto que a alteração do sistema de atores necessariamente altera o sistema de conflitos:

Quadro 1– Formas de resolução de conflitos

	Ambos os sistemas mantidos	Sistema de conflito alterado	Ambos os sistemas alterados (alteração no sistema de atores)
Incompatibilidade eliminada	Resolução material/discursiva da incompatibilidade; Meio-termo alcançado;	Barganha (inclusão de outros conflitos na negociação); Desintegração (atores são suficientemente separados para evitar conflitos);	Multilateralização (inclusão de outros atores); Fusão (integração dos atores;
Incompatibilidade preservada	Intra-atividade positiva (virada à política doméstica); Adição de uma interação positiva para equilibrar o conflito.	Dominação (eliminação psicológica de um ator).	Novas interações negativas (conflito original torna-se irrelevante); Interação com outros atores; Eliminação de um dos atores.

Fonte: adaptado de Galtung. (1976, p. 292)

Embora ações radicais como a dominação e eliminação de atores possam ser vistas como contrárias ao ideal de resolução de conflito, elas são formas de tornar a incompatibilidade irrelevante, e, de certa forma, superar o conflito. Nesse sentido, o *peacemaking* aproxima-se de um entendimento de paz negativa, isto é, de paz como simples ausência ou minimização de conflitos.

A proposta de um tipo de *peacebuilding* voltado à criação de uma estrutura duradoura resulta da tentativa de resolução das limitações das práticas anteriormente citadas. Nas palavras do pesquisador, "structures must be found that remove causes of wars and offer alternatives to war in situations where wars might occur" (Galtung, 1976, p. 298).

Essa estrutura de paz deve ser sustentada por uma infraestrutura composta por: i) princípios de equidade (tanto na horizontalidade de relações entre países quanto na redução de desigualdades internas);

ii) entropia (consistindo em maiores interações humanas entre as partes, como trocas econômicas e culturais); iii) simbiose (relacionada ao conceito de interdependência entre as partes, embora com maior horizontalidade, explicitamente negando relações como o "produtor de petróleo" vs o "produtor de tratores"); iv) amplo escopo (maiores e mais amplas agendas de interação, permitindo que conflitos sejam resolvidos a partir da troca e barganha com outros conflitos); e v) maior domínio de interação (por exemplo, se A, B e C tiverem um déficit comercial triangular entre si, esse déficit pode ser cancelado multilateralmente, algo difícil de ocorrer entre apenas A e B).

Nesse sentido, a infraestrutura sustenta uma superestrutura formalizada, como a União Europeia ou algum secretariado internacional, embora a integração completa seja vista como passo puramente opcional. Além disso, Galtung (1976) rebate o ideal de desarmamento e a proposta promoção de ideais de paz entre o mundo, entendendo que tais conceitos viriam com o fortalecimento da estrutura da paz, que mescla elementos internacionais e domésticos. Para fins de clareza, a ideia de *peacebuilding* proposta por Galtung será nomeada "*peacebuilding* tradicional" neste trabalho. Em seguida, apresenta-se uma síntese desse conceito a partir da estrutura em três níveis apresentada anteriormente, levando em conta uma relação típica entre dois Estados, mas que pode ser adaptada para incluir qualquer entidade política, como expressa o autor. O operador lógico AND reflete o caráter necessário de cada uma das características para a construção de uma estrutura de paz, enquanto a letra grega μ representa um cálculo da média entre os dados dos indicadores:

POLÍTICA EXTERNA CHINESA E PRIMAVERA ÁRABE:
PEACEBUILDING NA RELAÇÃO CHINA-TUNÍSIA

Figura 4 – Análise em três níveis do *peacebuilding* tradicional

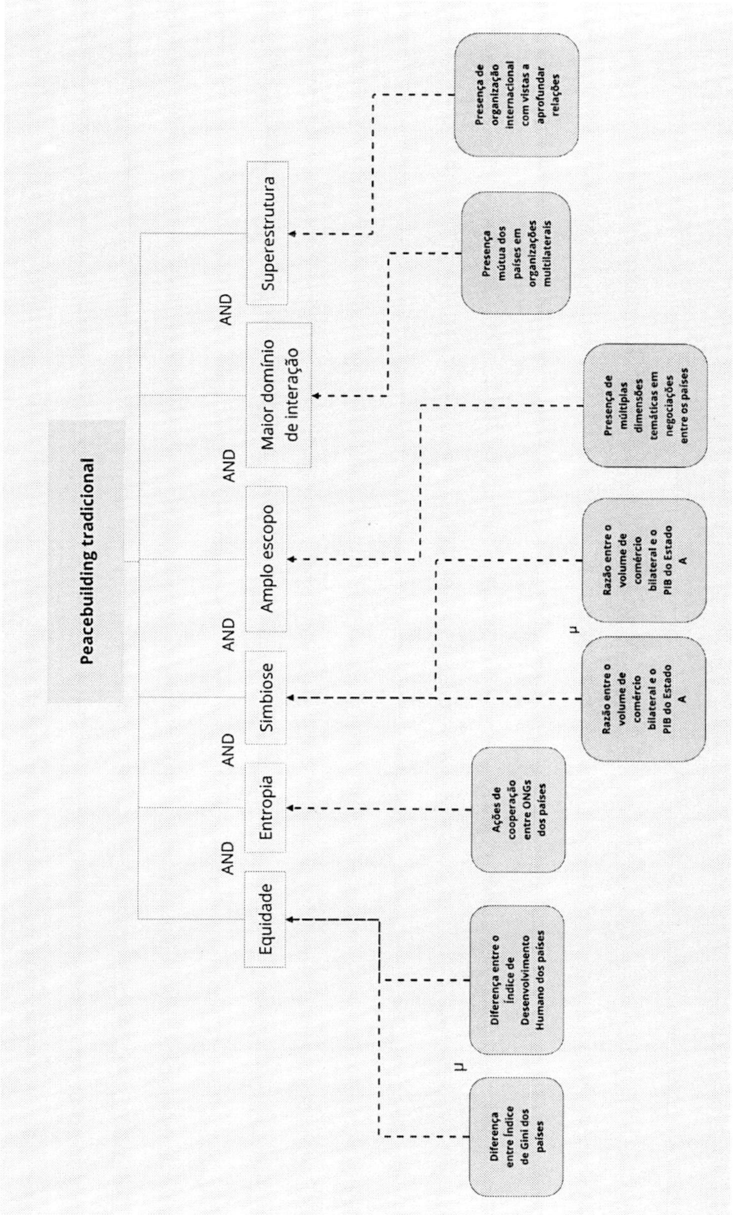

Fonte: elaborado pelo autor com base em Galtung (1976) e Goertz (2020)

Lederach, outro teórico no campo dos Estudos da Paz, propõe uma concepção ampliada de paz e *peacebuilding*. Em sua obra, o autor argumenta a favor do *peacebuilding* como um "processo-estrutura", ou seja, um conjunto de sistemas que mantém sua forma básica ao longo do tempo, mas que não possui rigidez em sua estrutura, evocando a imagem de uma "corrente d'água descendo uma montanha" — seriam processos flexíveis e adaptáveis, mas com objetivos e direções estruturados (Lederach, 1998).

Especificamente, o autor defende

> [...] a process-structure for peacebuilding transforms a war-system characterized by deeply divided, hostile, and violent relationships into a peace-system characterized by just and interdependent relationships with the capacity to find nonviolent mechanisms for expressing and handling conflict. The goal is not stasis, but rather the generation of continuous, dynamic, self-regenerating processes that maintain form over time and are able to adapt to environmental changes (Lederach, 1988, p. 84).

Tal concepção sustenta o *peacebuilding* como não apenas uma forma de encerrar um processo violento e indesejado, mas também como um método de construção de novos relacionamentos, padrões e estruturas. Essa visão holística e construtiva do *peacebuilding* influenciou significativamente o desenvolvimento do conceito como um todo. O autor também se preocupa com os recursos necessários para o *peacebuilding*, apresentando ideias como um "imposto" sobre a produção de armas para financiar operações de paz e salienta a importância de Organizações Não Governamentais (ONGs) e atores locais de médio nível. Além disso, ressalta a importância de recursos socioculturais para a construção da paz e, assim como Galtung, reconhece as limitações de operações de *peacekeeping*.

Assim, o autor propõe um enquadramento integrado de *peacebuilding*, que neste trabalho será denominado "*peacebuilding* holístico", composto pela preocupação com as causas fundamentais do conflito, a visão de sociedade a ser construída, a maneira de operacionalizar essa transformação, as capacidades de gerenciamento de crise, de prevenção na recorrência de conflitos e uma grande amplitude da dimensão temporal nas ações de *peacebuilding*. O operador lógico AND reflete a natureza interdependente do segundo nível; por exemplo, o processo de transformação está intimamente relacionado com o reconhecimento da escala temporal do modelo, que vai desde as ações mais imediatas até um tempo medido em gerações humanas. Assim como no modelo anterior, sugere-se uma lista não exaustiva de indicadores para acompanhar os atributos — nesse caso, o símbolo + significa uma soma simples entre os dados dos indicadores.

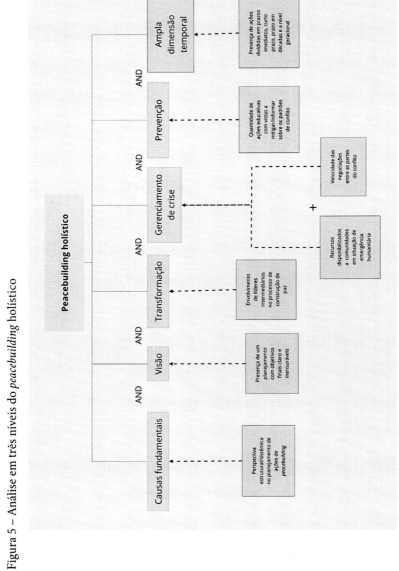

Figura 5 – Análise em três níveis do *peacebuilding* holístico

Fonte: elaborado pelo autor com base em Lederach (1998) e Goertz (2020)

2.1.2 *Peacebuilding* liberal

Conceitualmente, há muitas semelhanças entre o chamado *"peacebuilding* liberal" e o *peacebuilding* holístico explorado anteriormente. Contudo há diferenças em relação ao nível de confiança na efetividade do *peacekeeping* e à aceitação de práticas como a cobrança de impostos sobre a produção de armas como fonte de financiamento. Além disso, enquanto o *peacebuilding* holístico é uma consideração essencialmente acadêmica e normativa para a prática de *peacebuilding*, o *peacebuilding* liberal neste trabalho é visto como uma estrutura empírica, enraizada nas instituições da ONU e praticada pelos países centrais do Ocidente.

Essa estrutura surgiu e fortaleceu-se na década de 1990: a quebra de barreiras ideológicas com a dissolução do bloco soviético e as numerosas conferências internacionais foram vistas como oportunidade para fortalecer os regimes de paz, abertura política e econômica. Tais ideias foram expressas no relatório *An Agenda for Peace,* de 1992, produzido pelo secretário-geral da ONU. No documento há um cuidado para não diminuir a importância primária do Estado nas relações internacionais e a mínima definição de *peacebuilding* como a criação e fortalecimento de estruturas para impedir a recorrência de conflitos, mas também há uma conexão explícita entre o ideal de paz e a promoção de ideais como o Estado Democrático de Direito, boa governança e transparência (Boutros-Ghali, 1992).

Newman *et al.* (2009), em uma revisão do conceito de *peacebuilding* liberal, associam-no com as características de implementação de uma democracia liberal, promoção de direitos humanos, uma economia de mercado neoliberal, integração com o projeto de globalização e a presença de um Estado laico e centralizado. Além disso, há uma relação com a teoria de paz democrática, que postula que as democracias tendem a conduzir relações pacíficas entre si devido a seus arranjos institucionais que dificultam a agressão.

Dessa forma, o *peacebuilding* liberal serve como forma de expandir a paz internacional por meio da promoção da democracia e reforçar a paz nacional por meio da criação de uma sociedade liberal. Esses ideais são acompanhados de promoção a economias de mercado abertas, laicidade do Estado e proteção dos direitos humanos — uma abordagem que entra em conflito com os ideais do *peacebuilding* tradicional (que reconhece a insuficiência da simples promoção de "Estados justos" na busca pela paz) e também com o *peacebuilding* com características chinesas, descrito na seção a seguir. A análise em três níveis a seguir inclui diversos índices que podem ser desagregados para medir a eficácia do projeto de *peacebuilding* liberal:

Figura 6 – Análise em três níveis do *peacebuilding* liberal

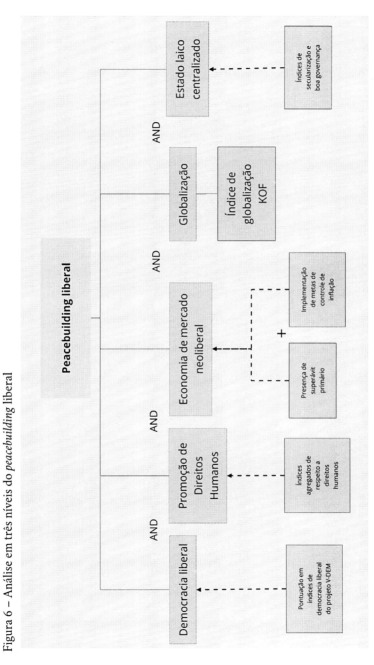

Fonte: elaborado pelo autor com base em Newman *et al.* (2009) e Goertz (2020)

2.1.3 *Peacebuilding* com características chinesas

Neste trabalho, os conceitos de *"peacebuilding* com características chinesas", "paz desenvolvimentista", *"peacebuilding* chinês" e outros termos semelhantes são entendidos como sinônimos. A ideia central por trás dessa forma de *peacebuilding* surge do entendimento de Adhikari (2021), construído em torno de um estudo de caso da participação chinesa no processo de paz do Mianmar. Na obra, a autora aponta uma crise, também reconhecida por Call e De Coning (2017), no *peacebuilding* liberal, devido ao seu fracasso em transformar Estados instáveis em sociedades liberais resilientes e ao declínio sistêmico da ordem liberal internacional. Há, portanto, interesse em reconhecer formas alternativas de *peacebuilding*, como a praticada pela China.

Dessa forma, descreve-se inicialmente o objetivo do *peacebuilding* chinês como sendo apenas a contenção do conflito, assim distanciando-se da visão holística proposta por Lederach. Partindo desse ponto, as cinco características definidoras do *peacebuilding* aos moldes chineses são: i) foco na ideia de estabilidade; ii) priorização do desenvolvimento econômico; iii) aderência condicional ao estadocentrismo; iv) priorização de atores regionais na construção da paz e v) aversão a modelos fixos no engajamento com o processo de paz. (Adhikari, 2021)

Inicialmente, nota-se que a união de estabilidade interna e externa é um aspecto importante da política externa chinesa. Dessa maneira, segundo Adhikari (2021), a atuação chinesa em Mianmar foi explicitamente motivada pelos riscos que a instabilidade do país oferecia à fronteira chinesa. Discussões sobre "direitos humanos, democracia e justiça restauradora", conforme lista a autora, são menosprezadas, pois entende-se que tais tópicos podem levar a maior instabilidade no curto prazo, assim construindo uma versão minimalista da paz que ignora tópicos como o federalismo e reintegração segura de grupos armados. Além disso, os impactos de compra de terras, operações antidrogas na fronteira, investimentos em indústrias extrativistas e a proteção do regime contra pressões internacionais por violações de direitos humanos dificultam ainda mais a construção de uma paz holística (Adhikari, 2021).

Por outro lado, ações como o fortalecimento de ambos os lados do conflito podem ser interpretado como uma tentativa de estabelecer equidade entre as partes, enquanto os investimentos econômicos somados aos incentivos diplomáticos ao processo de negociação podem gerar simbiose entre as partes. Assim, aproxima-se, ainda que de forma limitada, do *peacebuilding* tradicional.

Outro aspecto central do *peacebuilding* chinês é a promoção do desenvolvimento econômico. Nessa esteira, o desenvolvimento não é apenas um fim em si mesmo, mas um pré-requisito para alcançar uma paz duradoura, pois a pobreza e privação material seriam as raízes de conflitos. Nesse ideal, investimentos em infraestrutura e outras atividades econômicas são vistos explicitamente como componentes do processo de pacificação. É possível traçar paralelos entre esse ideal de desenvolvimento econômico e princípio de equidade apresentado pelo *peacebuilding* tradicional.

Após isso, destaca-se o estadocentrismo dito condicional da atuação do *peacebuilding* chinês. A autora relembra que a primazia e soberania do Estado é uma característica central da política externa chinesa e, portanto, o *peacebuilding* em Mianmar foi realizado primariamente por canais diplomáticos tradicionais, sem que houvesse o envolvimento de ONGs chinesas no processo. Em adição a isso, organizações da sociedade civil em Mianmar são vistas por teóricos e oficiais chineses como fontes potenciais de instabilidade e interferência ocidental.

Seguindo tal lógica, a China envia quantias significativas de recursos monetários para instituições do Estado de Mianmar, com vista a fortalecê-lo, porém o estadocentrismo não é total, já que o país oferece apoio explícito e encoberto a grupos armados não governamentais como forma de proteger seus interesses na fronteira. Consequentemente, tal característica do *peacebuilding* chinês o afasta tanto da "entropia" do *peacebuilding* tradicional quanto da ênfase em ONGs e atores não estatais do *peacebuilding* holístico, ainda que exista uma lenta incorporação de tais atores na agenda de paz chinesa (Adhikari, 2021).

A rejeição de modelos rígidos de política pública é outro fator importante, simultaneamente negando a universalidade do *peacebuilding* liberal e promovendo um pragmatismo na política externa: mesmo prioridades como o desenvolvimento econômico não estão ligadas a grandes planos de ação prévios, e há poucas exigências para além do reconhecimento da República Popular da China como único governo legítimo da China em detrimento de Taiwan (Política de Uma China). A falta de maior carga normativa permite ao governo chinês negociar livremente com regimes democráticos e não democráticos e estabelecer um *peacebuilding* mais flexível e caso a caso.

Porém a autora levanta alguns apontamentos, como a falta de confiabilidade devido a constantes mudanças de prioridades chinesas e o engajamento limitado a tópicos de interesse estratégico para o país. Apesar disso, o pragmatismo está enraizado em concepções mais profundas sobre soberania e independência, e não é necessariamente incompatível com outras formas de *peacebuilding* (Adhikari, 2021).

Por fim, há uma priorização de *stakeholders* regionais no processo de *peacebuilding*. Argumenta-se que a oposição à participação de atores "distantes" não se dá apenas por uma noção realista de acúmulo de influência, mas por uma crença genuína na ideia de que atores regionais estão mais bem equipados para lidar com problemas regionais (assim buscando aproximar-se de organizações regionais como a União Africana), além de sua autoidentificação como país em desenvolvimento, mais próximo dos "alvos" do *peacebuilding* (Adhikari, 2021) (Abb, 2021).

Apesar disso, a China ainda é favorável à participação da ONU no processo e busca empoderar a organização como único órgão legítimo de decisões a nível global, algo compatível com a noção de equidade do *peacebuilding* tradicional e da ideia chinesa de "democratização" do sistema internacional como forma de diluir a hegemonia ocidental. Há semelhanças nesse ponto com o *peacebuilding* tradicional e com o *peacebuilding* holístico, mas o conjunto das características faz com que ele se expresse de forma única no *peacebuilding* chinês: a preocupação regional é mais abstrata nos outros modelos.

Os elementos apontados no *"peacebuilding* com características chinesas", em particular a falta de modelos de política pública para a prática de *peacebuilding*, sugerem que esse modelo possui um caráter mais ideacional, enraizado em concepções históricas e ideológicas do país, do que propriamente um caráter estruturado de sua política externa (tal distinção será aprofundada ao longo deste trabalho). Em razão disso, este trabalho considera que há elementos novos e divergências suficientes para tratar o *peacebuilding* chinês como um conceito próprio e autônomo, ainda que seja possível traçar pontos de convergência com outros modelos de *peacebuilding*, em particular com o *peacebuilding* tradicional.

Figura 7 – Análise em três níveis do *peacebuilding* com características chinesas

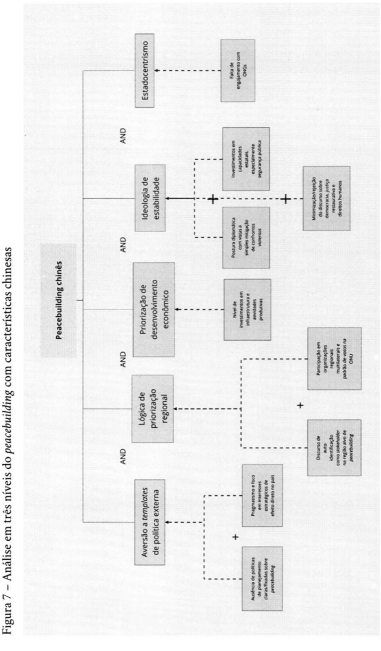

Fonte: elaborado pelo autor com base em Adhikari (2021) e Goertz (2020)

A abordagem de Lei (2011) complementa o conceito de *peacebuilding* chinês a partir de suas observações sobre política externa chinesa. Segundo o autor, a política externa chinesa é fruto da interação de dimensões nacionais, regionais e globais (respectivamente, a busca pelo desenvolvimento econômico, manutenção da paz no complexo asiático e promoção de sua imagem como uma potência responsável), uma interação que também guia as políticas de *peacekeeping* e *peacebuilding*. Além de mostrar que as práticas de paz chinesas contemporâneas foram explicitadas já em 2005, por meio de um *white paper*, há também uma descrição de como ocorre o *peacekeeping* chinês (notando que essa prática também desfruta de grande apoio institucional e popular) e seu *peacebuilding*, aceito pelo país com mais cautela do que o *peacekeeping* devido à sua maior complexidade e nível de interferência. As atitudes chinesas sobre o *peacebuilding* reforçam os achados de Adhikari (2021), mostrando continuidade do conceito na política externa chinesa.

O Quadro 2 sintetiza e compara os tipos de *peacebuilding* analisados nesta seção:

Quadro 2 – Tipos de *peacebuilding*

	Peace-building tradicional	Peace-building holístico	Peacebuilding liberal	Peacebuilding chinês
Objetivos centrais	Criação de uma infraestrutura e superestrutura de paz	Criação e fortalecimento de processos estruturados de paz	Criação de sociedades liberais resilientes e pacíficas	Estabilização e contenção do conflito a partir de desenvolvimento econômico

	Peace-building tradicional	Peace-building holístico	Peacebuilding liberal	Peacebuilding chinês
Atributos de segundo nível	Equidade, entropia, simbiose, amplo escopo, maior domínio e superestrutura	Causas fundamentais do conflito, visão, transformação, gerenciamento de crise, prevenção e ampla dimensão temporal	Democracia liberal, promoção de direitos humanos, economia de mercado neoliberal, globalização e Estado laico centralizado	Aversão a *templates* de política externa, lógica de priorização regional, priorização do desenvolvimento econômico, ideologia de estabilidade e estadocentrismo
Dimensão predominante	Normativa	Normativa	Normativa/descritiva	Descritiva
Aplicabilidade	Universal, seguindo determinados pré-requisitos como equidade entre atores	Universal, adaptando-se a diferentes contextos de acordo com certos princípios	Universal, a partir dos postulados da teoria de paz democrática	Restrita, de acordo com as constatações estratégicas chinesas
Dimensão semântica (termos associados)	Infraestrutura e superestrutura, paz duradoura, objetivos, conflitos e interesses	Estrutura-processo líderes de médio alcance, enquadramento integrado, prazos geracionais	Direitos humanos, boa governança, império da lei, Estado Democrático de Direito, direitos de propriedade, comunidade internacional	Estabilidade, Estado, alternativa, paz minimalista, desenvolvimento, investimentos, regionalismo

Fonte: elaborado pelo autor

2.2 CONTESTAÇÃO E INTEGRAÇÃO DE NORMAS INTERNACIONAIS

O conceito de normas internacionais é entendido, neste contexto investigativo, com base na concepção proposta por Finnemore, conforme descrito em Jackson e Sørensen (2016). Nessa visão, identidades e interesses dos Estados são afetados por forças internacionais, isto é, as normas comportamentais, incorporadas à sociedade internacional, ditam padrões de comportamento considerados aceitáveis. Partindo desse princípio, entende-se que um país, para ser reconhecido como digno de atenção e confiável nas relações internacionais, deve seguir e incorporar tais normas. Os ideais de democratização e abertura econômica contidos no *peacebuilding* liberal são um exemplo de norma internacional.

Yuan (2022) parte de uma perspectiva de contestação normativa para explicar os ideais do *peacebuilding* chinês, que, como já analisados, vão de encontro ao *peacebuilding* liberal. A autora elabora três dimensões passíveis de contestação em um determinado domínio de normas internacionais: a base normativa, que identifica situações-problema e estabelece o porquê de o problema necessitar de governança internacional; normas de conteúdo, que descrevem as ações a serem tomadas; e princípios de implementação que regem a operacionalização das normas de conteúdo. No caso do *peacebuilding* liberal, a base normativa é uma visão flexível da soberania e uma visão ampla de ameaças à segurança internacional (permitindo que conflitos locais sejam vistos como "dignos" de intervenção, enquanto o conteúdo é expresso nas práticas de democratização e abertura econômica implementados por meios intrusivos ou mesmo coercivos, como condicionantes à ajuda internacional ou mesmo o uso da força). A Figura 8, a seguir, sintetiza os componentes das normas internacionais, suas formas de contestação correspondentes e exemplos no campo de *peacebuilding* a partir da estrutura de três níveis:

Figura 8 – Tipologia de contestação do campo de *peacebuilding*

Table 1. The typology of contestation in the field of peacebuilding.

Normative structure	Types of contestation	Illustrations in peacebuilding
Normative basis	Validity contestation	Contesting the liberal conceptualisation of sovereignty (conditional sovereignty) and security threats (war and massive human rights violations)
Content	Content contestation	Contesting the neo-liberal elements of peacebuilding or the primacy of democratic institution-building
Implementation principles	Application contestation	Contesting intrusive and externally driven mechanisms

Fonte: Yuan (2022, p. 1806)

Tal tipologia pode ser adaptada para uma estrutura de análise em três níveis, assim como os exemplos apresentados anteriormente. O operador lógico OR serve para indicar que cada atributo de segundo nível é suficiente para caracterizar alguma ação como contestação de normas:

Figura 9 – Análise em três níveis da contestação de normas

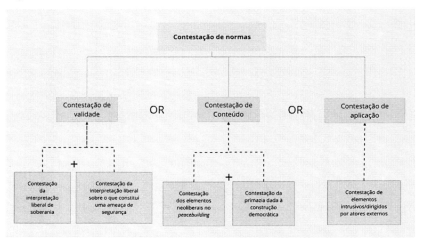

Fonte: elaborado pelo autor com base em Yuan (2022) e Goertz (2020)

Nessa perspectiva, ao propagar sua versão de *peacebuilding*, a China limita sua contestação à base normativa, aceitando a necessidade de intervenções em certos casos, mas critica o conteúdo e a implementação da paz liberal, conforme descrito anteriormente. Assim, o país pode ser reconhecido como um ator engajado e responsável ao mesmo tempo que difunde normas próprias (Yuan, 2022).

Benabdallah (2018) adota uma perspectiva semelhante ao analisar a Iniciativa Belt and Road (BRI, na sigla em inglês), também conhecida como a Nova Rota da Seda, um vasto programa de investimentos em infraestrutura e desenvolvimento econômico promovido pela República Popular da China. A autora argumenta que o país não foi inteiramente socializado a ponto de internalizar as normas internacionais, mas ainda assim exibe grande entusiasmo ao seguir normas como missões de *peacekeeping*, o regime de combate à mudança climática e a doenças como o ebola, por exemplo. Seguir tais normas seriam componentes cruciais de uma estratégia de legitimação do país como "potência responsável", o que abre a possibilidade de criar ou reinterpretar normas. Essa estratégia se torna possível a partir da identidade dupla da China como um país em desenvolvimento e uma grande potência.

Analisando especificamente a BRI, percebe-se que há uma grande ênfase em investimentos no Sul Global, pois representam uma importante forma de difundir normas chinesas. Esses investimentos consistem em infraestrutura física, como projetos de transporte e energia e infraestrutura humana, a partir de treinamento profissionalizante, bolsas de estudo e cooperação técnica, este último sendo visto como uma notável forma de socializar novos atores de acordo com normas e práticas chinesas.

Argumenta-se, portanto, que o *peacebuilding* chinês insere-se em uma estratégia de política externa mais ampla com vistas a promover a imagem do país como uma potência legítima, responsável e aquiescente às normas internacionais. Ao mesmo tempo, abre espaço para a difusão e reinterpretação de normas de acordo com interesses e identidades chinesas. Na seção posterior, analisar-se-ão questões identitárias que influenciam essas posições. Alden e Large (2015) afirmam que não há uma política pública chinesa consistente para o gerenciamento de pós-conflitos e Estados frágeis, algo que este trabalho atribui ao caráter ideacional e difuso, em contraste com práticas estruturadas e institucionalizadas no Ocidente, das práticas de promoção da paz chinesa. Os autores também notam que o país está se tornando um criador de normas no continente africano e revelam uma crescente comunidade político-acadêmica no campo e traçam um panorama semelhante ao de Adhikari (2021) ao tratar do *peacebuilding* chinês, além de detalhar tentativas de conciliar os princípios de não intervenção com uma participação mais ativa no cenário internacional.

2.3 HISTÓRIA, SELETIVIDADE, IDENTIDADE E NOSTALGIA

Uma análise aprofundada de fatores históricos por trás da política externa da China e da Tunísia será realizada no próximo capítulo. Nesta seção, buscar-se-á traçar conceitos e perspectivas analíticas que auxiliem na compreensão da identidade do Estado chinês e seu apoio a operações de *peacekeeping* e *peacebuilding*, seguindo a perspectiva construtivista de que a identidade que os Estados tomam para si (e atribuem aos outros) é fundamental para a construção dos interesses que virão a guiar as decisões de política externa. O conceito de autenticidade, isto é, a necessidade interna e a expectativa externa de que as ações tomadas devem ser consistentes com a identidade assumida, também é empregado.

Jarhede (2021) afirma que, até a década de 1980, a República Popular da China era uma forte opositora das operações de *peacekeeping* promovidas pela ONU. Atualmente, esse cenário inverteu-se, e o país é um dos maiores contribuintes e participantes nessas operações — o autor visa explicar como a identidade chinesa incorporou essa mudança. Em outras palavras, "[...] how are notions about the PRC's self-identity reproduced through the narrative of the PRC's participation in UN peacekeeping operations?" (Jarhede, 2021, p. 4). A resposta está na construção de uma narrativa-mestre:

> As a nation that was once the victim of war, China has gained an unwavering sympathy for those around the world who suffer from conflicts. To

> rid the world of the scourge of war, China took a leading position among the international community to establish the UN. One important tool that the organisation has developed to ensure international peace is UN peacekeeping missions. While it was a believer in peacekeeping from the beginning, China long failed to participate in missions, not because it did not wish to do so but because it lacked the capabilities. Hence, as China developed, thanks to infrastructure-focused state-led efforts, it has increasingly found itself able to participate in peacekeeping. (Jarhede, 2021, p. 40).

Tal narrativa incorpora diversos aspectos e soluciona a possível discrepância criada pela mudança de política externa ao longo das décadas: essa mudança de atitudes em relação ao *peacekeeping* e outras intervenções é explicada pelo aumento de capacidades — os valores chineses permaneceram os mesmos, mas no passado o país não tinha a possibilidade. A narrativa, ademais, destaca a centralidade do desenvolvimento econômico na promoção da paz e a validade de seu estadocentrismo, colocando suas intervenções como justas e altruístas por também ter uma história como um país que sofreu com a guerra e falta de desenvolvimento. Além disso, traz a questão de valores chineses milenares que pautam tais ideias, criando a noção de uma contínua rede de ideais que se manteve constante ao longo dos séculos.

Yuan (2020) destaca os aspectos históricos do que chama de "paz desenvolvimentista" (reitera-se que, para fins analíticos, este trabalho vê tal termo como sinônimo de *peacebuilding* chinês). Nota-se que a abordagem chinesa em relação à paz e segurança é um produto de uma reflexão contínua — há uma crença genuína no Estado chinês como uma força interessada na paz, remetendo ao longo período de paz na região entre os séculos 14 e 19, pautado em uma identidade comum construída a partir de valores confucianos; porém, esse período de paz foi interrompido por forças externas:

> In the aftermath of the arrival of Western military forces in the mid century, protracted peace in East Asia was replaced by sweeping violence and human

> suffering. For China plunged into civil war, poverty, and chaos, and this was a bitter experience, involving the involuntary reconstruction of territory, self-identity, and national interests. [...] As a result, a deep mistrust towards the West-dominated international system emerged and was reinforced by the continuous international struggle for power during the first three decades since the PRC"s birth, in the context of the Cold War (Yuan, 2020, p. 31).

Esse contexto gera uma sensação de superioridade moral em relação aos países do Ocidente, embora exista certa seletividade nessa interpretação e como ela é levada para o mundo contemporâneo, pois se ignoram os aspectos mais hierárquicos e hegemônicos dessa estrutura de paz. Os ideais westfalianos, como a soberania, autonomia e paridade entre Estados, não foram rejeitados, mas sim incorporados para realizar um *peacebuilding* na própria China após a Segunda Guerra Mundial e a Guerra Civil Chinesa com pouca tolerância para interferência externa.

O ideal desenvolvimentista também surge a partir de uma tradição de legitimidade com base na performance do governo, na qual a autoridade do Estado era baseada em sua capacidade de melhorar as condições materiais de seus cidadãos, justificando ampla intervenção estatal sem necessariamente implicar democracia (mas também não inteiramente incompatível com ideias democráticas). A autora também considera que tais ideias de *peacebuilding* chinês podem ser complementares ao *peacebuilding* liberal, visto que muitos países democráticos possuem visões parecidas com a China no que tange à ligação entre desenvolvimento econômico e paz (Yuan, 2020).

Abb (2020) traça um panorama histórico com base na teoria de papéis organizacionais (*role theory*), inicialmente comentando que, nos últimos 15 anos, a República Popular da China foi de um figurante em operações de *peacekeeping* a um dos maiores contribuintes nessas operações, ampliando dramaticamente seu engajamento internacional por meio da iniciativa Belt and Road. Há três fatores na construção do papel chinês, culminando em um papel assumido de "potência responsável": i) um repertório de experiências históricas que podem ser seletivamente usadas para justificar ações no presente; ii) demandas e expectativas de atores externos importantes (os "Outros"); e iii) escolhas estratégicas de elites nacionais na política externa.

A partir disso, o autor divide a atitude chinesa em relação a operações de *peacekeeping* [1] (PKOs, na sigla em inglês) em quatro fases: (a) uma fase revolucionária, de contestação do sistema internacional e do colonialismo, marcada por aproximação e posterior afastamento da União Soviética e pelo domínio do pensamento maoísta; (b) uma fase de integração no sistema ONU, com lenta mudança de atitude em relação ao *peacekeeping*, surgimento da divisão Norte-Sul Global como nova fonte alteridade e a formulação inicial de um ideal de paz desenvolvimentista; (c) uma nova fase de apoio explícito e participação nas PKOs, iniciando-se pouco antes do fim da Guerra Fria e intensificando-se na década de 1990, com debates sobre novas concepções de soberania, uma necessidade de distanciar-se do intervencionismo ocidental ainda visto como negativo e a retomada do conceito de potência responsável; e (d) uma fase que se estende até o presente, baseada na defesa contra o discurso de "ameaça chinesa" a partir da ideia de "ascensão pacífica", participação em PKOs mais intrusivas e o começo de um modelo chinês de *peacebuilding*. Percebe-se, portanto, uma preponderância das elites políticas nos papéis assumidos pela China, uma crescente comunidade acadêmica em assuntos de paz e segurança e uma contínua sensação de alteridade em relação ao Ocidente (Abb, 2020).

Stähle (2008) sugere também que a evolução da visão chinesa sobre o *peacekeeping* se deve a mudanças no próprio âmbito das PKOs nas Nações Unidas, e não somente a fatores internos do país. Para analisar tal aspecto, o autor utiliza as seguintes classificações de *peacekeeping*, com base no escopo das operações e na interpretação dos três princípios de *peacekeeping* postos por Dag Hammarskjold

---

[1] Um exemplo seriam operações supervisionados pelo Departamento de Operações de Paz (DPO) das Nações Unidas, anteriormente conhecido pela sigla DPKO (Department of Peacekeeping Operations).

(consentimento de todas as artes, imparcialidade da força de paz e uso mínimo da força, somente como última opção e em autodefesa): as operações tradicionais, de gerenciamento de transições, aplicação de paz e suporte à paz.

Figura 10 – Tipologia de operações de *peacekeeping*

Fonte: adaptado de Stähle (2008, p. 635)

As operações tradicionais buscam apenas gerar confiança e facilitar o diálogo entre as partes, aderindo estritamente aos três princípios. O gerenciamento de transições também adere aos princípios, mas assume mais tarefas, como o treinamento de forças de segurança, proteção de direitos humanos e criação de novas instituições. Operações ampliadas de *peacekeeping*, iniciadas na década de 1990, começaram como operações tradicionais, mas foram sendo gradualmente expandidas, resultando em operações de aplicação da paz (uso de força militar para garantir o cumprimento de um acordo prévio) e operações de suporte à paz, combinando uma força militar considerável com um componente civil robusto. Todas as três últimas possuem uma interpretação mais flexível dos três princípios, em particular no que tange ao uso da força (Stähle, 2008).

Em uma análise histórica, percebe-se que a China inicialmente rejeita totalmente o ideal de *peacekeeping* até sua entrada na ONU em um período de maior abertura. Após isso, o país passou a aceitar missões baseadas em uma interpretação estrita dos três princípios, enquanto adotava uma postura muito mais crítica em missões que proclamavam um uso amplo da força militar. Apesar disso, a posição chinesa foi de apoio em relação a missões de suporte de paz e de bastante satisfação com reformas para regular o uso da força após o relatório Brahimi em 2000. Mesmo com tais flexibilizações, a China ainda demonstra oposição a missões que não tiverem o consentimento explícito do Estado-alvo e também utiliza seu poder de veto como forma de pressão contra países que reconheçam Taiwan (Stähle, 2008). Visto que mudanças no regime de *peacekeeping* foram operadas com base em recomendações chinesas, esse é um caso de difusão de normas chinesas após a integração de normas internacionais tradicionais.

Benabdallah (2021) busca analisar a instrumentalização da nostalgia na política externa chinesa, especificamente sentimentos positivos em relação ao passado utilizados para moldar visões otimistas do futuro, baseada em três elementos: i) espacial (a impossibilidade do retorno físico ao passado ou lugar original); ii) temporal (permitindo uma nostalgia altamente seletiva quanto a períodos históricos e um movimento flexível entre passado, presente e futuro); e iii) afetivo, isto é, um aspecto emocional e psicológico da nostalgia. Esses três elementos são operacionalizados por um movimento de "internalização" (*selving,* no termo em inglês), que, ao contrário da alterização e seu movimento de desfamiliarização, busca traçar semelhanças entre diferentes países e comunidades. Um exemplo inicial dado é a tradição anti-imperialista chinesa, relembrando a solidariedade com movimentos de libertação nacional ao relacionar-se com Estados africanos no presente.

Partindo ao caso estudado no artigo (a Iniciativa Belt and Road), a autora reconhece dois elementos principais de nostalgia: as viagens de Zheng He e a antiga Rota da Seda. Zheng He foi um almirante chinês que, entre 1405 e 1433, embarcou em diversas expedições com vistas a expandir trocas comerciais, a legitimidade imperial e o sistema de tributos do imperador Yongle, da dinastia Ming. Embora as expedições de Zheng He não tenham sido de todo pacíficas, a nostalgia o coloca como um herói pacífico, não colonial, um exemplo de relações econômicas pacíficas sem o uso de conquista militar que caracterizou o colonialismo europeu — uma narrativa que ilustra perfeitamente a Iniciativa Belt and Road e possui ressonância tanto interna quanto externa, em especial em ex-colônias e países que foram visitados por Zheng He (Benabdallah, 2021).

A imagem da antiga Rota da Seda (uma série de antigas rotas comerciais interconectadas com base na China antiga) remete a um período de tempo no qual a China era o centro mundial em cultura, ciência e riqueza. O salto temporal desse contexto para o atual, no qual o Estado chinês busca ampliar seu poderio internacional, serve para colocar a Iniciativa Belt and Road e todas suas implicações como uma volta a um estado natural de prosperidade e avanços centrados na China. Assim como a história de Zheng He, a Rota da Seda pode ser usada como ferramenta de internalização ao associar a China com outros países, como ocorreu com Brunei, até hoje um importante parceiro chinês (Benabdallah, 2021).

Tendo em vista o restante da literatura analisada neste trabalho e a constância de temas como aversão ao colonialismo, respeito à soberania e desenvolvimento econômico tanto no discurso quanto na prática da política externa chinesa, as narrativas apresentadas até então são entendidas não apenas como uma mera propaganda com o objetivo de "esconder" as pretensões hegemônicas da China, mas sim um aspecto fundamental da identidade do país. Embora o discurso seja passível de flexibilização, há sempre uma tentativa de enfatizar a continuidade do pensamento de política externa chinês, além de que o passado evidentemente exerce uma influência tangível nas visões do presente — portanto, mesmo que a narrativa seja "enganosa", seus efeitos são reais, pois qualquer decisão deve levar a manutenção e a importância política dessa narrativa em conta.

2.4 CONCEITOS AUXILIARES

Cingolani (2013), em uma revisão sistemática do conceito de capacidades estatais, destaca que este é formado por um conjunto de fatores: capacidade coercitiva, capacidade fiscal, capacidade administrativa de implementação de políticas públicas, capacidade de industrialização, nível de influência das instituições perante o restante da sociedade, capacidade jurídica e capacidade política de os líderes avançarem suas agendas. Embora quantificar capacidades estatais na China ou na Tunísia não seja objetivo deste trabalho, tais categorias são úteis para classificar a atuação do *peacebuilding* chinês, visto que o conceito de capacidades estatais não está necessariamente ligado à promoção de ideais democráticos assim como a política externa da China.

Baldwin (2020) faz uma análise de *economic statecraft* como técnica de política externa. Junto da propaganda, diplomacia e força militar, *economic statecraft* é uma ferramenta caracterizada pelo uso de recursos econômicos para atingir objetivos políticos — sanções internacionais são exemplos mais comuns da prática.

Em uma análise dos investimentos da BRI e globalização chinesa, o autor nota que a política econômica internacional chinesa está ligada a interesses estratégicos, e a própria BRI tem raízes históricas no uso chinês de projetos de infraestrutura como forma de integração nacional, e conclui que: i) a China utilizou efetivamente a globalização como forma de ampliar seu crescimento econômico; ii) utilizou sua crescente riqueza para avançar seus interesses na Ásia Pacífico, Europa e África; iii) teve sucesso em alinhar forças domésticas para conduzir sua política de busca por recursos e centrada na Ásia; iv) utilizou ajuda externa para influenciar o comportamento de outros atores; e v) utilizou sanções para o mesmo fim (Baldwin, 2020). A segunda, terceira e quarta conclusão serão empiricamente avaliadas neste estudo de caso.

Por fim, Dreher *et al.* (2018) realizam uma análise aprofundada dos fluxos de financiamento internacionais advindos da China. Nota-se que, de acordo com a classificação da OCDE, fluxos de

Ajuda Oficial de Desenvolvimento (ODA, na sigla em inglês), de caráter concessional, possuem objetivo político, como incentivar a aceitação da política de China Única ou angariar votos no Conselho de Segurança da ONU, assim constituindo uma forma de *economic statecraft*. Outros Fluxos Oficiais (OOF, na sigla inglesa) possuem um caráter menos concessional e objetivo de caráter predominantemente econômico. Dessa forma, a presença de ODAs em relação a OOFs na relação China-Tunísia é um potencial indicador da força da promoção do *peacebuilding* chinês na região.

3

RAÍZES HISTÓRICAS DO
PEACEBUILDING CHINÊS

Como descrito no mecanismo causal apresentado na seção introdutória, o *peacebuilding* com características chinesas é influenciado por uma condição antecedente: a experiência histórica do país com reconstrução após guerras, como vítima de imperialismo e devido à instabilidade regional. Tais fatores, somados a outras experiências de relações exteriores, formam a base para a política externa chinesa de forma ampla e consequentemente para a aplicação do *peacebuilding* de forma específica. Como nota Adhikari (2021), a aversão a modelos prontos e *templates* de política externa observados no *peacebuilding* com características chinesas faz com que seja uma prática muito mais difusa, de caráter ideacional, do que grandes estratégias de política externa como outros modelos de *peacebuilding* como o liberal. Portanto, associar as características centrais do ideal de "paz chinesa" com experiências históricas de relações exteriores do país é essencial para traçar as origens do conceito e como ele é aplicado empiricamente.

Dessa forma, buscou-se analisar diversas narrativas históricas sobre a política externa e relações exteriores da China (indo além do regime atual, a República Popular da China), associando os conceitos descritos no capítulo anterior (especificamente, as características do *peacebuilding* chinês e os conceitos de contestação e integração de normas) com tendências importantes observadas nas narrativas. A lógica de seletividade histórica, apresentada na seção 2.3 do capítulo anterior, também é usada, entendendo que certas tendências e acontecimentos são relativizados pela atual identidade da República Popular da China.

Na seção 3.1 deste capítulo, é analisada "China's Foreign Policy in Historical Perspective", de Fairbank (1969), cujo principal objetivo é traçar as tradições de longo prazo presentes na política externa chinesa. A obra, escrita muitas décadas antes da ascensão econômica chinesa, traz um contraste útil com trabalhos mais recentes, que já observam a história chinesa a partir de seu caráter atual como potência. A seção 3.2 é composta pelo capítulo introdutório da obra *China & and the World*, intitulado "China's Long March to Global Power" e escrito por David Shambaugh (2020), trazendo uma retrospectiva de relações exteriores dividida em décadas e iniciando na década de 1950, ou seja, logo após a fundação da República Popular da China em 1949. A seção 3.3 tem como base outro capítulo do mesmo livro, porém escrito por outro autor: "Legacies of the Past", de Odd Arne Westad, destacando o legado imperial da Dinastia Qing e o autoritarismo como fatores fundamentais da atual política externa chinesa. Por fim, a seção 3.4 analisa outro capítulo, "China's National Experiences and the Evolution of PRC Grand Strategy", escrito por Chas W. Freeman Jr., ex-diplomata estadunidense que trabalhou como intérprete de Richard Nixon na sua visita em 1972 à China, que tem como objetivo associar as estratégias de Estado com as características da civilização chinesa ao longo da História.

3.1 PERSPECTIVA HISTÓRICA EM TRADIÇÕES DE POLÍTICA EXTERNA

A preocupação do autor John K. Fairbank, um pioneiro no estudo da China nos Estados Unidos, foi de caráter essencialmente prático. Nota-se que, apesar de grandes avanços no estudo da "China Comunista" nos anos anteriores à publicação de seu artigo, ainda faltava enxergar as perspectivas de longo prazo que informam a política externa chinesa. Esse desafio é particularmente importante e difícil no caso chinês devido à existência milenar das relações estrangeiras chinesas e à forma fragmentada pela qual essas relações eram tratadas no império chinês, que não possuía um único "departamento estrangeiro" institucionalizado (algo bastante parecido com a expressão do *peacebuilding* chinês, difuso em diversas áreas e organizações).

Para tratar desse assunto, o autor argumenta que é preciso enxergar as tradições de política externa da China. Por exemplo, o discurso final de Washington, a Doutrina Monroe e a política de *Open Door*[2] são parte essencial da matriz histórica do pensamento norte--americano, enquanto "estereótipos" como a liberdade dos mares e o tratamento de nação mais favorecido continuaram fazendo parte do repertório de política externa dos Estados Unidos da América (EUA). Os malefícios de não conhecer as tradições de um adversário potencial podem ser vistos na Guerra do Vietnã: a oferta aparentemente racional dos EUA, de ganhos e perdas materiais mediados por conceitos ocidentais, não foi aceita pelo Vietnã do Norte, que rejeitou a dicotomia "guerra vs desenvolvimento" ofertada. Ao não conhecer os modos de pensar e valores de uma cultura, aplicam-se os valores da própria cultura, o que gera uma falta de objetividade.

Em seguida, o autor indica três grandes tradições de política externa: o primado estratégico da Ásia Interior (*Inner Asia*), o desestímulo ao poder naval e a doutrina de superioridade chinesa. A narrativa em torno delas será respectivamente descrita a seguir e somada aos conceitos discutidos anteriormente.

3.1.1 O primado estratégico do interior da Ásia

A longa história das relações exteriores chinesas foi marcada por uma dicotomia importante: a "diferença irreparável" entre a civilização agrária contida dentro da Grande Muralha e os povos nômades das estepes para além das fronteiras da civilização sínica. Eram civilizações com estilos de vida distintos, separados por diferenças de clima e terreno, mas que interagiam entre si constantemente. Como nota, o autor:

> China's maritime frontier occasionally produced rebels and sea-raiders but no major invasion ever came by sea. In contrast, Inner Asia produced mounted archers raised in the saddle, under tribal leaders who

---

[2] Política diplomática estadunidense que proclamava o acesso livre e igualitário ao mercado chinês por parte das grandes potências durante o final do século 19 e início do 20.

periodically united for invasion. The nomad cavalry invasions of North China grew more powerful and irresistible century by century (Fairbank, 1969, p. 452).

Alguns invasores, como os mongóis da Dinastia Yuan e a Dinastia Qing dos Manchus, conseguiram estabelecer controle sobre toda a China e governar um império centrado nela. Mesmo esses impérios estrangeiros, porém, tiveram que continuar enfrentando o problema vindo do interior da Ásia. Dessa forma, a primeira preocupação tradicional da política externa do Estado chinês era a defesa contra ou preferencialmente o controle sobre o interior da Ásia. A expansão da Grande Muralha da China pela dinastia Ming foi reflexo do impulso defensivo, e a Dinastia Qing conseguiu estender seu controle ao longo do interior da Ásia por meio de alianças e expedições militares. O mapa, na Figura 11, ilustra, a partir das fronteiras contemporâneas da China, o conceito de Ásia Interior de Fairbank (1969), passando em arco pelo Tibete, Xinjiang, Mongólia e a região aproximada da Manchúria:

Figura 11 – Arco da *Inner Asia*

Fonte: adaptado de Wikimedia Commons (2015) com base em Fairbank (1969).[3]

---
[3] Disponível em: https://commons.wikimedia.org/wiki/File:Blank_Map_World_Secondary_Political_Divisions.svg#file. Acesso em: 23 out. 2023.

O crescimento da ameaça das potências europeias e mesmo as derrotas nas duas primeiras Guerras do Ópio já no século 19 não foram suficientes para alterar o pensamento estratégico centrado nas fronteiras terrestres da Ásia Interior. Essa tradição refletiu-se na política externa do início da República Popular da China:

> Plainly, Communist China's early turning inward away from the sea, trying to reduce the prominence of the greatest ex-treaty port, Shanghai, and cut down China's dependence on maritime trade with the West, was no new thought but followed an ancient pattern. (Fairbank, 1969, p. 453).

Dentre as características do *peacebuilding* com características chinesas apresentadas anteriormente, a que mais se associa com essa tradição de política externa é a ideologia de estabilidade. A percepção de que a estabilidade interna está diretamente relacionada com a estabilidade de regiões estratégicas surge a partir das experiências históricas advindas da interação entre a civilização central chinesa e os povos em sua periferia, que muitas vezes acabavam por tomar o controle do próprio Estado chinês e, por sua vez, ter que enfrentar o desafio de estabilizar a região.

3.1.2 Desestímulo ao poder naval

A civilização chinesa originalmente desenvolveu-se em vales de rios no interior e posteriormente expandiu para as regiões costeiras do sul. Porém, quando essa expansão se consolidou, um certo molde institucional já havia se formado:

> Confucian philosophers pointed out that scholar-officials, farmers and artisans labored with mind or muscle but merchants only moved things about. Maritime traders were even more shady characters, sailing about with no fixed abode, out of administrative control. Until the eighth century, although maritime trade of course developed, there was no

sanction, much less a policy, for China's expansion overseas (Fairbank, 1969, p. 453).

Essa situação foi alterada a partir do século 13, após a Dinastia Song consolidar-se no sul da China devido a derrotas para invasores vindos do interior da Ásia, que passaram a ocupar o norte. Criou-se uma enorme rede de comércio oceânico, ligando o Oriente Médio com o Extremo Oriente a partir do Sul e Sudeste asiático. A China desenvolveu uma grande frota militar e mercantil que foi herdada pela Dinastia Yuan e criou as bases para os grandes feitos marítimos posteriores.

Diversas tecnologias foram desenvolvidas e incorporadas ao crescente poder marítimo, como o uso da pólvora e da bússola. O auge do poder naval chinês foi demonstrado nas grandes viagens do Almirante Zheng He, durante a dinastia Ming, que estendeu o sistema de tributos chinês a uma série de territórios longínquos, alcançando até mesmo a costa da África. Apesar disso, a necessidade de manter o poder terrestre provou-se forte demais, pois os inimigos mongóis ao norte continuavam a pressionar o Estado chinês e até mesmo capturaram o próprio imperador após uma batalha em 1449. Ao mesmo tempo que nações europeias como os reinos ibéricos criavam sua hegemonia a partir de um colonialismo ultramarino, os chineses foram forçados a sacrificar tal poderio devido à ameaça existencial de invasores centrados no poderio terrestre. A posterior Dinastia Qing inicialmente concentrou-se em seu império continental, e quaisquer tentativas posteriores de construir uma frota foram aniquiladas pelas potências ocidentais e o crescente Império Japonês. Até a época da escrita do artigo, houve apenas a construção de uma frota defensiva de submarinos.

O desestímulo ao poderio naval não oferece raízes históricas ao *peacebuilding* chinês, mas o período no qual a China ampliou suas capacidades marítimas, sim. Conforme descrito no capítulo anterior, seção 2.3, a nostalgia pelas viagens de Zheng He é um forte elemento na narrativa de política externa chinesa. Ao subverter a tradição predominante e destacar um período no qual a

China foi um centro de comércio e exploração, a República Popular da China reforça que seu ideal de "ascensão pacífica" e "potência responsável" tem raízes na história chinesa e traz argumentos para o desenvolvimento econômico guiado pelo Estado como fonte de paz. Além disso, a desconfiança para com "aventuras individuais" de exploração e comércio, como o autor descreve, mostra que o estadocentrismo presente no *peacebuilding* chinês é fundado em longas experiências históricas.

3.1.3 A doutrina de superioridade chinesa

Devido ao seu início como "ilha cultural", a China antiga se considerava como naturalmente superior a povos menos desenvolvidos em seus entornos, e gradualmente os assimilou e os incorporou à civilização chinesa. Como Fairbank (1969) nota, o ponto interessante é como essa noção de superioridade conseguiu permanecer por mais de 2 mil anos, e que estratégias foram utilizadas para mantê-la em épocas de inferioridade militar:

> The emperors of the Han (202 BC-220 AD) subscribed in theory to the Confucian doctrine of rule-by-virtue. As the "Analects" said: "If distant people are not obedient to China, Chinese rulers should win them over by cultivating their own refinement and virtue": by his own supremely cultivated and sage-like example, the emperor would command respect and allegiance Unfortunately, this basic tenet of the Confucian faith, like modern political doctrines, worked best within the confines of the culture, among the indoctrinated, and was not efficacious across the cultural gap in Inner Asia (Fairbank, 1969, p. 457).

Era necessário, portanto, fortalecer um "mito" de superioridade do imperador para além da Grande Muralha, sustentada por uma rede de civilidade e etiqueta na qual emissários estrangeiros prestam tributos e reverências ao imperador, o "Filho do Paraíso". Quando o império se expandia militarmente, o controle de novas populações era atribuído à virtude do imperador. Essa fusão de cultura e poder militar foi quebrada pela ascensão de dinastias de origem mongol, que se mostraram militarmente superiores sem se importar com a cultura chinesa, mas que tinham que ser aceitas como legítimas devido à sua força. Após a derrota dessas dinastias, a prática retornou na dinastia Ming:

> The first Ming emperor, a man of enormous vitality, sent envoys to all known rulers, announcing that he viewed them all with impartial benevolence (i-shih t'ung-jen) and included them within the bounds of civilization (shih wu-wai), His successor, the Yung-lo emperor, with his great maritime expeditions pushed this idea of inclusiveness to the limit. He not only conferred Chinese titles and seals and the use of the Chinese calendar on tributary foreign rulers in the usual fashion, in some cases — Korea, Viet Nam, Malacca, Brunei, Japan, Cochin in South India — he even decreed sacrifices to the divinities of their mountains and rivers, which might therefore be added to the map of China, or else he enfeoffed their mountains, a ceremony which brought them in a cosmic sense within the Chinese realm. While I hesitate to interpret the full significance of such literary deeds, they suggest that the Yung-lo emperor, following out the principles of impartiality and inclusiveness, was laying the theoretical foundations for a world order emanating from China (Fairbank, 1969, p. 458).

A doutrina de superioridade, portanto, tinha seus usos práticos. Invasores poderiam ser assimilados à cultura chinesa, como a burocracia imperial fez ao incentivar a sinificação da dinastia Qing, de origem manchu. Se o império possuía força militar, a doutrina legitimava essa força e a substituía em momentos de fraqueza. Estados estrangeiros poderiam ser beneficiados ou punidos, e mercadores estrangeiros prestavam reverências (assim se envolvendo na rede de civilidade e etiqueta imperial) como forma de obter concessões comerciais. Mesmo que nenhum dos lados acreditasse genuinamente nesse sistema de compra de prestígio político, ele servia para sustentar a doutrina de superioridade de forma prática; para isso, também era necessário ocultar ocasiões nas quais o imperador tratava estrangeiros como seus pares (Fairbank, 1969). Em termos analíticos da disciplina de Relações Internacionais, o império chinês, ao longo dos séculos, estabeleceu um sofisticado esquema de *soft power* que compensava perdas em poder material e permitia que a soberania chinesa fosse projetada para regiões além do seu próprio território.

A noção confuciana de governo pela virtude certamente permanece de alguma forma, na insistência chinesa em se declarar como uma potência responsável e pacífica. A tentativa do imperador Yung-lo pode também ser interpretada como um primeiro exemplo de socialização e exportação de normas para Estados estrangeiros, algo que poderia servir de inspiração para os esforços da República Popular da China, que seleciona a dinastia Ming como exemplo das características positivas da história chinesa. Ao mesmo tempo, a noção de superioridade contradiz a ideia de que a República Popular da China possui uma identificação e aproximação genuína com países em desenvolvimento, indo de encontro às bases normativas da lógica de priorização regional, o que sugere que esta não está tão fortemente enraizada nas tradições de política externa chinesa, ou ainda que essa lógica reflete de forma sutil uma sensação de superioridade perante outros países.

3.1.4 (Im)permanência das tradições e conclusões

É preciso destacar que houve continuidades e descontinuidades na política externa chinesa. A revolução encabeçada pelo Partido Comunista Chinês alterou as estruturas institucionais do país, mas ainda há muitos elementos antigos ainda presentes (Fairbank, 1969). Também é preciso notar que a própria obra analisada nesta seção não prevê ou descreve diversos desenvolvimentos na política externa chinesa simplesmente por ter sido elaborada antes de eles ocorrerem, dessa forma a análise combinada de outras fontes feitas nas seções posteriores torna-se ainda mais importante.

Em relação ao sentimento de superioridade da China, há três pontos notáveis para além da grande dimensão populacional e a longa história de governo organizado: i) o país foi, em geral, criativamente autossuficiente, pouco incorporando conceitos de outras culturas por quase toda sua história; ii) o sistema de tributo, civilidade e etiqueta garantia que contatos com o estrangeiro reforçassem a sensação de superioridade; e iii) a educação da elite letrada chinesa criava um nacionalismo cultural muito mais profundo que os nacionalismos europeus e mantinha tal sinocentrismo a partir do filtro do sistema de escrita chinês. Essa autoestima foi reforçada ainda mais com a revolução comunista e o nacionalismo que buscava superar o "século da humilhação", isto é, o período de ingerência estrangeira nos assuntos da China.

A preocupação com o poderio naval chinês é substituída por outro atributo, a capacidade nuclear e de armamentos de longo alcance, os sucessores simbólicos das canhoneiras do século anterior:

> The real question here is whether modern China, having failed to develop naval power when it counted, will now succeed in creating the diversified armaments of a first-class power of the late twentieth century, nuclear missiles and all. This protean question we cannot answer here except to appraise how far China's tradition may make for expansion (Fairbank, 1969, p. 461).

A burocracia chinesa, ao longo dos séculos, mostrou pouco interesse em proselitismo religioso, aventuras individuais ao estrangeiro e empreitadas comerciais expansivas, refletindo a primazia do poder terrestre tradicional sobre o marítimo. Mesmo as tentativas de Mao de uma "revolução permanente" contra as classes dominantes não impediram a ascensão de um Estado burocrático voltado a assuntos internos e à preservação da ordem em detrimento do crescimento, devido à grande escala do país. As relações de tributarismo também não devem ser vistas como precedentes para expansionismo futuro:

> "Tribute" of course did not mean a European-type feudal vassalage with economic payments and military support, and patriots today who mark Southeast Asia on a map as formerly part of the Chinese empire are asserting nonsense. Today's equivalent of tribute is more political-ideological than military-administrative (Fairbank, 1969, p. 462).

Na Ásia Interior, primado estratégico tradicional, a expansão já havia ocorrido. O Tibete continua sob firme controle chinês, a região de Xinjiang e suas minorias étnicas se encontram na fronteira do desenvolvimento do país — apenas porções da Mongólia permaneceram fora da esfera da República Popular da China graças à proteção soviética (Fairbank, 1969). O autor prevê que a expansão chinesa ainda se concentrará nesse eixo terrestre, fora do Sudeste Asiático:

> One may conclude that the best way to stimulate Chinese expansion is for us to mount an over-fearful and over-active preparation against it. History suggests that China has her own continental realm, a big one; that Chinese power is still inveterately land-based and bureaucratic, not maritime and commercial; and that we are likely to see emerging from China roughly the amount of expansion that we provoke (Fairbank, 1969, p. 463).

A figura a seguir sintetiza os achados da análise histórica desta seção. Os elementos no terceiro nível não devem ser entendidos simplesmente como fruto de uma estrita relação causal, mas, a partir da lógica de seletividade histórica, como elementos do *peacebuilding* e da política externa chinesa que se utilizam das tradições como fonte de inspiração ou legitimação. Em outras palavras, conceitos analisados no capítulo anterior são colocados no contexto do repertório de política externa chinesa. A principal anomalia encontra-se na lógica de priorização regional, que não pode ser adequadamente encaixada em um ideal de excepcionalismo chinês, pois prevê uma identificação genuína da China com países em desenvolvimento e uma crença nas capacidades de atores regionais para resolver problemas próximos a si. Há duas explicações possíveis para essa discrepância. A primeira é que a lógica de priorização regional na verdade reflete um ideal de superioridade chinesa de forma sutil, legitimando o engajamento chinês como um país que atingiu grandes níveis de desenvolvimento. A segunda é que as raízes dessa lógica só podem ser encontradas em desenvolvimentos posteriores na política externa chinesa, e, portanto, não teriam sido detectadas na obra.

Figura 12 – Associação em três níveis de tradições de política externa

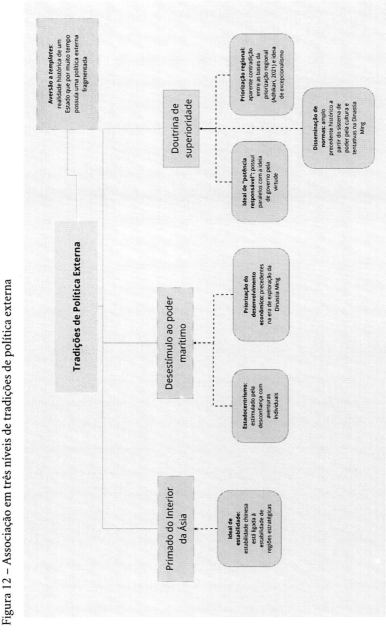

Fonte: elaborado pelo autor com base em Fairbank (1969)

3.2 MARCHA ATÉ O PODER GLOBAL: DÉCADAS DE RELAÇÕES EXTERIORES

Ao introduzir sua contribuição à obra *China and the World* (2020), David Shambaugh escreve sobre o amplo objeto de análise que será analisado em seu capítulo: as relações exteriores da China. O uso desse termo no lugar de política indica uma preocupação para além das políticas e declarações oficiais do governo chinês, de forma a incluir um maior número de interações, como aquelas feitas com sociedades estrangeiras:

> [...] As China has "gone global," a wide array of Chinese actors ply the planet in search of opportunities. China is now deeply embedded on every continent and in every society (even the remaining seventeen nations with which it does not have official diplomatic relations), in space and cyberspace, in the Arctic and Antarctic, even on the moon. It is also embedded in international institutions – being a member of sixty- six intergovernmental organizations and an observer in nine others (Shambaugh, 2020, p. 4).

A República Popular da China, em si, é vista como uma potência parcial, devido às duas definições de poder: poder como capacidades em diversas categorias e poder como a habilidade de influenciar o comportamento de outros. Nesse sentido, apesar do crescimento comercial, técnico-científico, diplomático e seu caráter cada vez mais evidente como provedor de bens públicos internacionais, o poder cultural e o *soft power* chinês continuam sendo bastante limitados em escala global, possuindo grande presença, mas pouca influência. Dessa forma, o país ainda não é classificado como uma potência completa. As subseções seguintes são organizadas de forma cronológica e linear, de acordo com a concepção do autor, iniciando-se na década de 1950 (logo após a proclamação da República Popular da China, em 1949) e encerrando-se na década de 2020.

3.2.1 Década de 1950: período de isolamento

Após sua proclamação em 1949, a República Popular da China se viu isolada no sistema internacional. O país foi reconhecido, inicialmente, apenas por países do bloco soviético, e teve dificuldade de estabelecer relações diplomáticas com a maioria do mundo mesmo uma década após sua fundação. A aproximação com a União das Repúblicas Socialistas Soviéticas (URSS), portanto, não era apenas uma escolha devido à afinidade ideológica, mas também uma questão de necessidade de segurança e apoio para o desenvolvimento socioeconômico. A Guerra da Coreia, na qual a China ficou ao lado do regime norte-coreano, reforçou ainda mais o isolamento em relação ao Ocidente e a dependência ao bloco soviético, além de frustrar quaisquer planos de domínio sobre Taiwan (e dessa forma tentativas de completar a unificação do país) devido à maior presença militar e securitária norte-americana na região.

A relação de proximidade com a União Soviética também foi relativamente efêmera. Após a morte de Stalin, em 1953, a relação sino-soviética entrou em declínio:

> It took seven full years of progressive hemorrhaging, as Stalin's successor Nikita Khrushchev and Mao disagreed about one issue after another,10 until July 1960 when the Soviet side decided to abruptly withdraw nearly 1,400 Soviet advisers and terminate cooperation on 200 joint industrial- technical projects. Two more years of ideological acrimony would ensue, before the two fully broke off from one another. But the die was cast (Shambaugh, 2020, p. 6),

Assim como a relação chinesa com a URSS não foi homogênea, seu isolamento internacional também não foi uma regra absoluta. Houve duas exceções importantes: a participação na Conferência de Gênova em 1954 e a Conferência de Bandung em 1955, ambas importantes para as relações exteriores chinesas por motivos distintos. A primeira envolveu a China, URSS, EUA, França, Reino Unido e os Viet Minh, e teve como objetivo resolver as questões da

Coreia e Indochina, aumentando o prestígio diplomático da China devido à boa conduta de Zhou Enlai, então ministro das relações exteriores. Ademais, abriu canais de comunicação indiretos com os países ocidentais que amenizaram o isolamento. A Conferência de Bandung possuía uma audiência diferente, composta de países da Ásia e África que rejeitavam a dicotomia socialismo-imperialismo, o que deu uma oportunidade importante para a China desenvolver um aspecto longevo e crucial de sua identidade nacional, para além de um Estado socialista revolucionário:

> This element in China's international identity — its connections to the developing world — has been one of the most consistent hallmarks of Chinese diplomacy throughout the history of the PRC. Most other elements of China's diplomacy have fluctuated considerably, but Beijing's consistent identification with "third world," post-colonial, developing countries has been very consistent (Shambaugh, 2020, p. 7).

Tais oportunidades de abertura e superação do isolamento não foram exploradas a fundo, devido às diferentes prioridades do governo chinês. Tanto que a política interna se radicalizou, a partir de programas de coletivização e industrialização forçados como o Grande Salto Adiante e de uma política que cada vez mais enfatizava o confronto com os Estados Unidos. Isso ia de encontro à própria União Soviética, que, durante o governo de Nikita Khrushchev, começava a pregar uma "coexistência pacífica" entre as superpotências (Shambaugh, 2020).

Nessa perspectiva, a década de 1950 pouco contribuiu para o desenvolvimento das práticas associadas com o *peacebuilding* chinês, com exceção da lógica de priorização regional. Essa lógica é pautada pela crença genuína de que atores regionais estão mais bem equipados para resolver os problemas de sua própria região e pela identidade chinesa como um país em desenvolvimento (Adhikari, 2021; Abb, 2021). A explicação oferecida pelo autor também resolve a discrepância observada na seção anterior, em relação à doutrina de superioridade chinesa.

3.2.2 Década de 1960: de mal a pior

Os problemas anteriores apenas se aprofundaram com o passar do tempo e a chegada da década de 1960. A posição da China estava precária, pois havia perdido seu principal patrocinador e garantia de segurança, a União Soviética, vista como um país "imperialista social" ao lado dos imperialistas usuais nos Estados Unidos. Essa rivalidade com os dois *hegemons* do sistema internacional isolou ainda mais o jovem país. Mesmo as relações em nível regional pioraram: houve disputas de fronteira violentas com a Índia e um colapso de relações com a Indonésia após uma acusação de que os chineses estariam promovendo um golpe de Estado. Essa foi a fase mais radical da política externa chinesa:

> The 1960s were definitely the revolutionary phase of China's foreign policy, as Beijing became a radical revisionist power seeking to overthrow established governments across these regions — all in an effort to foment global revolutions and a "united front" against the United States (Shambaugh, 2020, p. 9).

A radicalização foi vista em vários níveis da política. Lin Biao, então ministro da defesa, publicou um ensaio defendendo o cerco das "cidades do mundo" (o Ocidente) pelas "áreas rurais do mundo" (os países em desenvolvimento), algo que reforçava a identidade chinesa como um país do Terceiro Mundo. O próprio Ministério de Relações Exteriores foi, inclusive, dissolvido, mas isso não impediu o país de oferecer gigantesco apoio material e ideológico a movimentos socialistas e insurgentes por todo o mundo (Shambaugh, 2020).

> Thus, the decade of the 1960s was the most disruptive and destabilizing period in the history of the PRC's foreign relations. And it has been completely whitewashed and ignored in Chinese history books, as it is not consistent with the image of benign peaceful coexistence that Beijing seeks to project today (Shambaugh, 2020, p. 10).

A década encerrou-se com um verdadeiro sentimento de ameaça existencial. A proclamação da Doutrina Brezhnev por parte da URSS dava ao país o direito de intervir em países socialistas para evitar movimentos de "contrarrevolução", uma lista que potencialmente incluía a República Popular da China. Disputas de fronteira violentas com os soviéticos intensificaram a percepção de ameaça, o que se refletiu em uma análise interna de segurança promovida pelas forças armadas chinesas, que passaram a considerar a URSS como uma ameaça ainda maior que os Estados Unidos. Ao mesmo tempo, o governo Nixon via na China uma possibilidade de pressionar seu rival soviético e reduzir os custos da Guerra do Vietnã, e pouco a pouco foi iniciando-se um processo de aproximação.

Novamente, há poucos elementos do *peacebuilding* propriamente dito nessa década (o país estava, inclusive, promovendo muito mais conflitos do que paz). Há, porém, um aprofundamento da identidade terceiro-mundista, especialmente a partir da rivalidade com a URSS, outro país socialista. A própria extinção do ministério responsável por relações exteriores revela um país tradicionalmente pouco preocupado com modelos e *templates* de política externa, e mais interessado em um pragmatismo altamente contextual que pode levar a uma aproximação mesmo com inimigos mortais como os EUA. Esse pragmatismo é bastante notável, pois ocorre mesmo naquela que poderia ser considerada a década mais dogmática da política externa chinesa. Em relação à seção anterior, a priorização da URSS sobre adversários ultramarinos é perfeitamente compatível com o primado estratégico do interior da Ásia descrito por Fairbank (1969).

3.2.3 Década de 1970: China junta-se ao mundo

Três grandes desenvolvimentos devem ser destacados nas relações exteriores chinesas na década de 1970. A primeira foi a abertura com os Estados Unidos promovida em 1971 e 1972. A segunda foi a ampliação de laços diplomáticos com diversos países e a admissão às Nações Unidas, ambos facilitados pelas melhores relações com os EUA. Por fim, houve maior competição com a União Soviética e a tentativa de mobilizar uma frente unida contra o novo rival (Shambaugh, 2020).

O contato sino-americano envolveu inicialmente vários sinais diplomáticos discretos, já que ambos os países haviam chegado à conclusão de que era preciso se aproximar do outro de forma independente, algo que logo evoluiu para reuniões e viagens secretas e finalmente para a visita do então presidente Nixon à China em 1972, um acontecimento dramático que representou um ponto de inflexão na relação entre os dois países. Isso não somente deu impulso ao processo de abertura chinês como também incentivou importantes projetos de modernização em nível doméstico. A expansão das relações exteriores, facilitada pela aceitação americana, ampliou o contato cultural e comercial com aliados dos EUA e intensificou a coordenação destes contra a União Soviética, formando um triângulo estratégico (China e EUA) no qual duas pontas estavam contra a terceira (URSS).

A abertura, porém, foi complicada devido a fatores internos. Tanto Zhou Enlai, então premiê, e Mao Zedong, presidente, adoeceram em 1975 e faleceram em 1976, gerando uma disputa sucessória. Três grandes grupos lutavam pelo poder político: a "Gangue de Quatro", oficiais de alto escalão liderados pela esposa de Mao, Jiang Qing, quadros moderados liderados por Deng Xiaoping; e o sucessor nomeado, Hua Guofeng. Logo após a morte de Mao, Hua consegue expurgar a Gangue e passa a sustentar uma frágil balança de poder com a facção de Deng, que retornava a posições de alto escalão. Em 1978, com Deng já no comando *de facto* do país, ocorre a Terceira Sessão Plenária do Décimo Primeiro Comitê Central:

> The Third Plenum changed everything in China — and in China's relations with the world. Now, "economics was in command." For foreign relations this meant an emphasis on developing ties with advanced countries that could contribute technology, investment, aid, and expertise to China's drive for modernization. Countering the Soviet "polar bear" and its client states (including Vietnam) remained Beijing's prime geostrategic challenge — but henceforth China's economic development became the sine qua non for all Chinese policies (Shambaugh, 2020, p. 13).

Indubitavelmente, essa foi a maior contribuição da década de 1970, oficializando a centralidade do desenvolvimento econômico na política externa chinesa. Dessa centralidade surge a característica de priorização desenvolvimentista proposta pelo *peacebuilding* chinês posteriormente.

3.2.4 Década de 1980: otimismo e pessimismo

A década de 1980 abriu com um grande espírito otimista, de reforma e abertura. O país passou por enormes transformações internas e externas. Ao mesmo tempo, a reversão dessas fortunas pode ser descrita em um único parágrafo:

> During this decade China opened its doors to foreign investment, rapidly expanded its foreign trade (based on an import substitution strategy), engaged in educational and other cultural exchanges with a variety of countries, eagerly studied other (and more liberal) political systems, began interactions with Western militaries (which sold it weapons), and began to open China itself to foreign visitors. Beijing further developed diplomatic ties, establishing diplomatic relations with an additional nineteen countries. China even normalized its ties with its erstwhile adversary the Soviet Union. It also embarked on the early stages of joining international organizations, such as the World Bank and International Monetary Fund. **All in all, the PRC was headed in a very positive direction — until the tanks rolled into Tiananmen Square and killed an estimated 1,500– 2,000 civilians on the streets of Beijing on June 4 [1989]** (Shambaugh, 2020, p. 13, grifo nosso).

A ideologia de estabilidade proclama, como o nome indica, que a estabilidade, e não versões holísticas de paz que incluem direitos humanos e democracia, por exemplo, deve ser o principal objetivo do *peacebuilding*. Impedir o transbordamento de conflitos é, portanto, um objetivo prioritário, assim como eliminar fontes de instabilidade. A repressão aos protestos, evidentemente, não foi um exemplo de *peacebuilding*. Mas esses eram vistos como fontes de instabilidade, e a reação do governo chinês demonstra claramente o valor dado à ideia de estabilidade, apesar dos custos e terríveis consequências, reafirmando esse fator como essencial mesmo após profundas reformas.

3.2.5 Década de 1990: do isolamento à reabilitação

Os acontecimentos anteriores levaram a uma espécie de "isolamento parcial" da China, envolvendo múltiplas sanções por parte dos países ocidentais. O restante do mundo ignorou ou relativizou o incidente: o Japão desistiu das sanções em um ano, o governo sul-coreano classificou apenas como um "incidente lamentável" e o primeiro-ministro de Singapura, Lee Kuan Yew, liderou um esforço diplomático para evitar o isolamento e promover a integração da China. Embora o massacre de 1989 tenha manchado a reputação internacional chinesa, o país não foi isolado como ocorreu nas primeiras décadas de sua existência. Já em 1995, a maior parte das sanções foi revogada.

Enquanto isso, a liderança política em Pequim assistia horrorizada ao colapso do bloco soviético e da própria União Soviética em 1991, temendo que o mesmo pudesse acontecer na China. Nesse contexto, Deng Xiaoping, que havia oficialmente se aposentado de todos seus cargos, anuncia a grande estratégia de *taoguang yanghui*, de que a China deveria manter um perfil discreto e permanecer calma diante dos desafios contemporâneos, além de garantir a continuação de reformas econômicas em 1992. Com isso e mudanças nas lideranças do país, a diplomacia chinesa conseguiu rapidamente estabelecer laços com os Estados sucessores da União Soviética e normalizar relações com a União Europeia a partir de 1995. Isso levou a diversas vitórias diplomáticas:

> The return of Hong Kong to Chinese sovereignty in 1997 was also an important step. By the late 1990s, Beijing also began to participate in various Asian regional multilateral institutions — presaging a decade-long period of intensified engagement with its Asian neighbors. Its helping hand to Southeast Asian states in the wake of the 1997 Asian Finan-

> cial Crisis contributed to this trend. Even relations
> with the United States began to rebound in 1997
> and 1998 with the exchange of state visits between
> Presidents Jiang Zemin and Bill Clinton (Shambaugh,
> 2020, p. 15).

As conquistas da década anterior foram consolidadas e seus reveses minimizados, passando de uma nação parcialmente isolada para uma fortemente integrada em sistemas regionais e internacionais. O foco no desenvolvimento econômico foi mantido, sob o olhar vigilante de um Estado renovado, consolidado e pragmático, capaz de rapidamente adaptar-se a mudanças devido à ausência de modelos rígidos de política externa.

3.2.6 Década de 2000: diplomacia omnidirecional

Após o período de consolidação, chegava o momento de a China dar maior profundidade à sua presença mundial. A partir dos anos 2000, uma ampla gama de atores chineses passou a ocupar uma presença verdadeiramente internacional, e, embora alguns atores do setor privado tenham desempenhado um papel, tal política de alcance global foi levada a cabo principalmente por empresas estatais, por companhias nacionais de petróleo e pela mídia estatal. Essa dinâmica era alimentada pelo objetivo de desenvolvimento econômico, que exigia cada vez mais matérias-primas e suprimentos energéticos.

No entorno arco do interior da Ásia, foram aprofundados os laços com a Rússia e países da Ásia Central, além da estabilização e melhoria do contato com a Índia. As relações com a Ásia Oriental foram positivas a ponto de serem consideradas parte de uma "década dourada" e as relações com os Estados Unidos se desenvolveram de forma estável por todo o restante do mandato de George W. Bush (2001-2009) após a resolução de um incidente envolvendo a colisão de um avião militar chinês e um avião de inteligência estadunidense. Houve também um importante deslocamento de eixo diplomático:

> Thus, during the period of Hu Jintao's rule, a relative
> shift in China's foreign relations occurred when
> compared to the Jiang Zemin era: a shift from prior-
> itization on relations with the main powers (United

States, Russia, EU) to more variegated and omni-directional diplomacy with a new emphasis on the Global South. This was evident on regional, bilateral, and multilateral levels (Shambaugh, 2020, p. 16).

Houve também um investimento em *soft power*, com resultados medíocres no Norte Global, mas aceitáveis no Sul. Outro deslocamento de eixo ocorreu logo ao final da década, no período entre 2009 e 2010, no qual a China, em rápida sucessão, adotou um tom de confronto com diversos países: retaliação diplomática e econômica contra o Japão devido à prisão de pescadores no território das ilhas disputadas de Senkaku/Diayu, uma resposta semelhante às Filipinas devido a disputas no Mar do Sul da China, o bloqueio de uma resolução do Conselho de Segurança da ONU condenando a Coreia do Norte pelo afundamento de um submarino sul-coreano, intensificação de disputas fronteiriças com a Índia, a prisão de empresários australianos supostamente em retaliação ao bloqueio de empresas energéticas chinesas e australianas, o congelamento de relações com a Dinamarca por hospedar o Dalai Lama e com a Noruega após um dissidente chinês receber o Nobel da Paz, o bloqueio do acordo final da Conferência de Mudanças Climáticas em Copenhague e conflitos com a União Europeia e EUA (Shambaugh, 2020).

A década reforçou tendências anteriores, como o estadocentrismo e o foco no desenvolvimento econômico, e consolidou a aproximação com países em desenvolvimento e a identidade chinesa nesse sentido. A falta de maior consistência na política externa levou ao "ano da assertividade" em 2009-2010, um movimento agressivo que causou danos à imagem chinesa e foi rapidamente revertido nos anos seguintes.

3.2.7 Década de 2010 e conclusões

A ascensão de Xi Jinping ao governo da China em 2012 marcou outro ponto de inflexão, no qual o país passou a exibir maior confiança e proatividade no sistema internacional. A diplomacia passiva e discreta defendida por Deng Xiaoping foi substituída por um conceito de "busca por conquistas", além de ideias como o "sonho chinês e a afirmação de que a China deveria praticar uma diplomacia compatível com seu *status* de 'grande país (*major country*)'". O processo institucional de política externa foi institucionalizado e centralizado, com ampla participação do próprio Xi, e a Iniciativa Belt and Road chamou a atenção do mundo. Também foi enfatizado que a China deveria assumir um papel proeminente na governança global e diplomacia multilateral, além de buscar melhorar sua imagem internacional. O nervosismo com a ascensão chinesa também é um ponto de atenção:

> Yet Xi sought to reassure the world in his landmark speech to the 19th Party Congress in 2017 that: "China's development does not pose a threat to any other country. No matter what stage of development it reaches, China will never seek hegemony or engage in expansion." This meme is a regular refrain heard since Zhou Enlai first enunciated it in the 1970s — perhaps precisely because Beijing has thus far failed to reassure others of its benign intentions and "peaceful rise." The stronger China becomes, seemingly the greater the skepticism — hence the ever- increasing need for reassurances. It is true that China has not fought a war since 1979, has not engaged in overt military expansion or foreign conquest, engages in a variety of confidence building dialogue mechanisms with other countries, and Beijing goes out of its way to counter what it describes as the "China threat theory" [...] (Shambaugh, 2020, p. 18).

O poder material chinês, seu sistema político rígido, suas forças armadas em processo de rápida modernização e o próprio tamanho do país em termos populacionais e econômicos, porém, contribuem para suspeitas e incertezas sobre a China (Shambaugh, 2020). É notável que a década de 2010 vê uma importante consolidação da política externa chinesa, buscando amenizar a inconsistência vista em momentos anteriores e superar o pêndulo isolamento-integração observado ao longo das décadas. Ao mesmo tempo, a preocupação com estabilidade, o estadocentrismo, a identificação com países em desenvolvimento e com a priorização do desenvolvimento econômico continuam sendo tendências centrais das relações exteriores da China.

A figura a seguir, em formato de linha do tempo, sintetiza os achados desta seção. Cada década é associada com desenvolvimentos cruciais nas relações exteriores e com uma característica do *peacebuilding* com características chinesas, assim inserindo-o no contexto de movimentos mais amplos e duradouros na política externa. As décadas em vermelho indicam períodos de isolamento diplomático, enquanto azul indica um isolamento parcial, e verde, períodos de integração com a comunidade internacional. É possível perceber que a estratégia de integração, reafirmada mesmo após o isolamento parcial em 1990, foi importante para ampliar e consolidar a política externa chinesa, algo consistente com as observações de Yuan (2022). Portanto, o *peacebuilding* chinês pode ser encaixado em uma estratégia mais ampla, e mais antiga, de integração com as normas internacionais, ao mesmo tempo que serve como forma de disseminar normas advindas das experiências da própria República Popular da China.

Figura 13 – Linha do tempo das relações exteriores chinesas

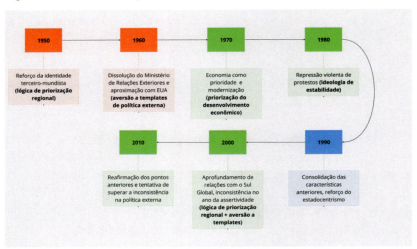

Fonte: elaborado pelo autor com base em Shambaugh (2020)

3.3 OS LEGADOS DO PASSADO

Odd Arne Westad, autor de um dos capítulos históricos da obra, adota uma perspectiva diferente quanto à importância da história para o pensamento chinês. Embora a história de qualquer país seja determinante para as ações do futuro, Westad considera que a centralidade da história chinesa para seus discursos políticos não é um fato dado, uma consequência de sua longevidade, mas sim uma construção ideológica particular, já que vários outros países podem reivindicar milhares de anos de história sem que isso se torne algo central como é para a China (Westad, 2020). Portanto, no lugar de construir uma grande narrativa chinesa, o autor analisa dois aspectos do passado vistos como mais importantes que os demais: o legado imperial, especificamente do império Qing chinês, e o autoritarismo, que acabou por se tornar o "modo padrão" de governo na China.

3.3.1 Império

Impérios foram a principal forma de organização política ao longo da história da China, e tiveram um maior impacto sobre a formação do país, embora houvesse momentos nos quais o território estava dividido em Estados menores semelhantes aos europeus. O império que teve mais impacto direto sobre a China contemporânea foi o último, a dinastia Qing (1644-1912), que, em seu auge, foi uma entidade altamente poderosa e difundida.

Evidentemente, há legados mais profundos e antigos do passado, embora tais legados se expressem como amplas tendências e não como ligações causais contínuas e claras entre passado e presente. Essas tendências são dois conceitos que moldaram a interação chinesa com o resto do mundo: a coesão cultural e o conceito de centralidade.

A coesão cultural foi uma consequência direta da linguagem escrita chinesa:

> China's cultural cohesion emerged from the written Chinese language, which gradually became the means of interaction for large numbers of elites inside the

> empire and outside. By the end of the first millennium after the founding of the Han empire, the command of written Chinese was used as a key cultural marker in eastern Asia— whoever mastered it was on the inside of an increasingly complex cultural web. It gave the users, whatever state they found themselves within, a particular connection to and affinity for Chinese culture. The written language served as a great conveyor belt of ideas and technologies, not only from whatever empire controlled China and toward the rest of eastern Asia, but often in other directions as well. It created a pervasive cultural cohesion that defined a region (Westad, 2020, p. 26).

A centralidade é um conceito que se aproxima da tradição da doutrina de superioridade chinesa proposta por Fairbank (1969). O conceito de centralidade não implica uma reivindicação a uma centralidade política universal, mas sim uma proclamação de superioridade cultural dos Estados chineses em relação ao restante, pois a China estava no centro de uma organização cultural comum criada por sua linguagem escrita — a figura do imperador e seu império eram a manifestação dessa superioridade. A centralidade era naturalmente mais forte nos territórios onde o poder material chinês era mais presente, mas não era simplesmente fruto de coerção militar: por muito tempo, era um conceito no qual outros além dos chineses acreditavam. Esse sentimento resulta em um imenso orgulho cultural na China contemporânea, e pode ser instrumentalizado de diversas formas, inclusive levando ao crescimento de um sentimento de excepcionalismo.

Tais legados mais profundos são dessa forma significativos, e importantes, mas maleáveis. A herança do império Qing é mais sólida, afetando percepções e instituições, algo que o autor considera irônico, pois a historiografia chinesa mostrou-se decididamente hostil ao império Qing, suas origens e importância. Apesar dessa hostilidade, o que se destaca é a continuidade entre o passado e presente:

> Instead, what stands out in China today are the multiple ways in which today's People's Republic has inherited Qing notions and practices. Many of

> the concepts of extreme centralization are from the Qing era, as are institutions such as the hukou [...], the household registration system by which Chinese are permitted or denied the right to settle outside the region of their birth. In overall terms, the PRC's current authoritarianism, its state reverence, its methods for controlling and fashioning private enterprise, organizations, and religious communities all come out of the Qing (although many of them, of course, have deeper roots). China today has done away with less of its imperial legacies overall than most other post-imperial states (Westad, 2020, p. 27).

O império Qing pôs em prática grandes projetos expansionistas e colonizatórios, algo que se reflete nas campanhas de sinificação utilizadas pela República Popular da China hoje. As consequências desse expansionismo perduraram: as fronteiras chinesas atuais são, com a exceção de partes da Mongólia e terras no noroeste perdidas para a Rússia, as mesmas do império Qing, algo que afeta a composição interna do país assim como suas relações exteriores. Por sua parte, o império Qing buscou construir um relacionamento hierárquico com seus vizinhos a partir do sistema de tributo, laços culturais e um sistema de prestação de reverências ao imperador. Na Coreia, estabeleceu-se uma relação profundamente cultural, com influência política limitada, enquanto o Vietnã teve uma relação diferente:

> [...] unlike Korea, the turbulent politics of Vietnam, especially from the late eighteenth century on, meant numerous Chinese attempts at intervening in Vietnamese affairs. **Ironically, the somewhat more remote relationship compared to Korea meant more intervention, because the two political cultures were less immediately aligned.** The interventions gave rise to long-term resentments in Vietnam, some of which have lasted up to our own time (Westad, 2020, p. 29, grifo nosso).

A relação com o Japão era pouco notável, e nunca houve uma tentativa de dominar o país por parte dos Qing, apesar da forte influência chinesa na construção cultural e política japonesa. A unificação no século 17 realizada pelo xogunato Tokugawa, de caráter isolacionista, diminuiu as interações entre os dois Estados ainda mais. Para além das novas fronteiras imperiais em Xinjiang, nos Himalaias e Sudeste Asiático, as relações eram distantes e quaisquer laços de vassalagem eram puramente teóricos: o discurso e ideologia de império eram mais fortes do que a prática deste.

Essa ordem imperial-regional centrada na China dificilmente retornará, segundo o autor, embora perdure como memórias que podem ser utilizadas como poderosas ferramentas discursivas na política asiática. O sentimento de centralidade, porém, continua presente, fortalecido pelo sucesso econômico recente, convivendo com um medo da dominação chinesa nos países vizinhos e nacionalismos que rejeitam a volta de uma ordem centrada na China, ainda que exista um senso de conexão intercultural. Westad também rejeita a asserção de que a abordagem "oriental" às relações internacionais seja mais pacífica, pois o império Qing e outros impérios chineses eram expansionistas e assertivos assim como qualquer outro império. Há diferenças entre Ocidente e Oriente, porém: havia mais ênfase hierárquica na relação entre Estados. A soberania também era mais difusa e servia como moeda de troca para que Estados menores conseguissem concessões práticas (como o caso da Coreia com a China). Além disso,

> There was also a much wider variety of informal exchanges and diffuse positions, to which official proclamations spoke in ways **that were intended to be read in different ways by different groups.** While empire was at the heart of the eastern Asian international order, it was never universal in jurisdiction, capability, or competence (Westad, 2020, p. 30, grifo nosso).

Associando essa narrativa aos conceitos do *peacebuilding* com características chinesas, chegamos a conclusões semelhantes à análise de Fairbank (1969). A ideologia de estabilidade se mostra presente nas interações com os vizinhos, nos quais a China exercia influência e intervinha para manter um senso de estabilidade regional que ulti-

POLÍTICA EXTERNA CHINESA E PRIMAVERA ÁRABE:
PEACEBUILDING NA RELAÇÃO CHINA-TUNÍSIA

mamente era visto como sinônimo da estabilidade da própria China (por isso a insistência em intervir na turbulenta política vietnamita). O estadocentrismo é evidente, já que na ordem imperial-regional há pouco espaço para atores não estatais, e a aversão a *templates* de política é vista na citação anterior: longe de estabelecer uma ordem internacional universal, a ordem centrada na chinesa variava de caso a caso, e suas manifestações oficiais eram flexíveis o suficiente para comportar múltiplos sentidos, e, na prática, exigia muito pouco de boa parte dos "vassalos" chineses.

3.3.2 Autoritarismo

Impérios, segundo o autor, são geralmente autoritários, governando populações diversas a partir de medidas repressivas e antiliberais. Por isso, não é surpreendente que os impérios chineses, ao longo da História, tenham adotado uma formação política autoritária. O que difere a China de outros ex-impérios é sua manutenção e celebração do autoritarismo, a partir de um argumento de que o país, extenso e diverso, requer um governo firme para garantir a estabilidade e o crescimento econômico. Tal autoritarismo seria danoso para a imagem externa da China (Westad, 2020).

Devido a isso, o entendimento das origens do autoritarismo chinês é visto como essencial para a compreensão das relações exteriores do país. São propostas várias fontes utilizadas para justificar e legitimar o autoritarismo: aquelas baseadas em um pensamento neoconfuciano, em práticas imperiais, especialmente práticas do império Qing e no comunismo chinês.

Nem todo tipo de confucionismo é autoritário, segundo o autor, mas sempre é hierárquico, e pode servir como uma ferramenta importante para a criação de um ambiente social coeso no qual os indivíduos possuem empoderamento e segurança simultaneamente. A forma de confucionismo mais em voga na China desde a dinastia Song é o neoconfucionismo, que enfatiza a automelhoria como única maneira de promover uma sociedade saudável, o que leva a uma valorização de qualidades pessoais sobre o nível de apoio popular.

A sagacidade e retidão de um oficial público eram, portanto, suas qualidades mais importantes, e essas qualidades se encontravam principalmente em oficiais cujas famílias tinham longo histórico de serviço imperial. Isso fortalecia uma noção de uma elite exclusiva, separada e distinta do restante do país, sentimento reforçado ainda mais pelas origens estrangeiras da dinastia Qing. Segundo o autor, esse sentimento elitista, de ser um grupo pequeno que conquistou a China pela força e governo pelo medo e propósito é bastante semelhante ao observado no governo comunista (Westad, 2020).

Outro aspecto herdado de práticas imperiais Qing são os almejos totalitários do país. Como descrito anteriormente, a busca por um Estado forte é uma tradição antiga da política chinesa, não se restringindo à última dinastia. Porém foram os Qing que ampliaram a "veneração estatal" na China. A alternativa ao autoritarismo não era a liberdade, mas sim o caos, e, portanto, tudo deveria estar subordinado ao Estado (Westad, 2020).

O legado do autoritarismo é ultimamente o que dá um caráter único para o estadocentrismo e a ideologia da estabilidade, ao somar-se com o legado imperial descrito anteriormente. A dicotomia entre autoritarismo e caos, somada à união entre estabilidade externa e interna, é o que forma a ideologia de estabilidade chinesa, explicando a tendência do *peacebuilding* chinês a favorecer a construção de Estados fortes e centralizados. A subordinação total da sociedade ao Estado, somado ao pouco espaço dado a atores não estatais no sistema imperial-regional, faz com que o estadocentrismo chinês se expresse tanto nas relações exteriores quanto domésticas: o *peacebuilding* chinês simultaneamente evita o uso de ONGs chinesas e o engajamento com ONGs estrangeiras.

3.3.3 O "século da humilhação": passado e presente e conclusões

O período conhecido como o "século da humilhação", entendido como ocorrido entre 1839 (ano da primeira Guerra do Ópio) e 1949 (o fim da Guerra Civil Chinesa e fundação da República

Popular da China), é, segundo o autor, um "artigo de fé" do Partido Comunista Chinês. O país, antes fraco e explorado pelas potências imperialistas, foi "salvo" pela revolução comunista, cujo controle continuado é justificado para retificar os erros do passado e transformar a China em um país "rico e forte" novamente. Westad, portanto, critica veementemente a narrativa por trás do século da humilhação:

> This version of history is not only untrue but also unhelpful for China in finding its place in the world. The late Qing empire did lose its wars against stronger empires that encroached on its territory. And Europeans behaved, and sometimes still behave, with racist condescension toward Chinese, not least in the zones they took control of along China's coast and main rivers. Japan launched an all- out attack against China in 1937 and its forces committed terrible crimes thereafter. But China as a whole was never colonized, and the borders of China today are therefore remarkably similar to those of the Qing empire. The Western concessions in China were returned to Chinese jurisdiction well before the CCP took over. China suffered under foreign attacks, but it was never under foreign direction, at least not for very long (Westad, 2020, p. 32).

Embora o autor considere que o enfraquecimento do Estado central tenha aberto o caminho para várias formas de opressão e o capitalismo tenha enfraquecido vários laços sociais tradicionais, ele enxerga o período entre o declínio dos Qing e a ascensão do Partido Comunista Chinês como uma era de maior liberdade e autonomia, na qual as pessoas escaparam do "sufocante" poder estatal e puderam, na medida do possível, estabelecer controle sobre suas próprias vidas, e não seriam apenas vítimas passivas de agressão estrangeira como a narrativa oficial coloca. É irônico, para Westad, que um partido baseado em uma ideologia estrangeira (comunismo) coloque tanta ênfase na humilhação estrangeira como alternativa a um sistema autoritário comandado pelo atual governo chinês.

Segundo o autor, o autoritarismo, o legado imperial e a narrativa advinda do século da humilhação seriam obstáculos para a política externa chinesa. A história construída da China como país intrinsecamente pacífico é uma inverdade e pouco produtiva, e o país deveria definir-se como um país "normal", com interesses de política externa limitados, mas bem definidos. Ao mesmo tempo, o sucesso econômico chinês continua a sustentar um autoritarismo repressivo que é visto com desconfiança no exterior — uma China mais atraente, tanto para estrangeiros quanto para chineses, significará superar as tradições do passado, algo visto como improvável no curto prazo, mas ultimamente possível (Westad, 2020). Sob essa perspectiva, a prática de *peacebuilding* pode ser analisada como uma tentativa de amenizar essa rejeição e desconfiança que o autoritarismo chinês enfrenta no mundo ao mesmo tempo que dissemina ideais enraizados em seu passado imperial e caráter autoritário.

A narrativa do século da humilhação, portanto, inter-relaciona-se com o autoritarismo e em menor medida com o legado imperial chinês. A necessidade de retomar a riqueza e força histórica, anterior ao imperialismo estrangeiro, justifica o autoritarismo e impulsiona o discurso de foco no desenvolvimento econômico. Além disso, o "vitimismo" da narrativa traz um impulso e uma legitimação para o engajamento com países vítimas de imperialismo — como o autor nota, muitos países da Ásia e África genuinamente admiram a China por também sonharem com altos índices de crescimento e tecnologia (Westad, 2020) —, assim trazendo uma base histórica para a lógica de priorização regional, embora essa lógica seja menos "genuína" do que a proposta por Adhikari (2021), que afirma que há uma crença verdadeira na capacidade de atores regionais para resolverem seus próprios problemas.

Westad (2020), nessa esteira, argumenta que colocar a China como vítima do imperialismo não é um fato dado, e sim uma narrativa que serve propósitos políticos: "Today's Chinese government has inherited the legacies of empire and especially the last empire's authoritarianism. It has also constructed a version of recent history that emphasizes past Chinese victimhood as a justification for

Communist control" (Westad, 2020, p. 33). Portanto, essa narrativa possui um propósito tanto interno quanto externo, e a adição dessa narrativa resolve a aparente contradição observada em Fairbank (1969) entre a doutrina de superioridade chinesa e a lógica de priorização regional.

A figura a seguir sintetiza a narrativa histórica proposta pelo autor assim como as conclusões retiradas dela. O legado imperial, o autoritarismo e a narrativa histórica construída em torno do século da humilhação formam um "triângulo conceitual" no qual cada elemento se inter-relaciona com outro — o autoritarismo é justificado pela narrativa vitimista e é fundado com base em um legado imperial, e o próprio século da humilhação ocorreu junto ao declínio do império Qing. Os atributos em cinza escuro indicam conceitos relacionados ao *peacebuilding* com características chinesas derivados dos aspectos históricos observados.

Figura 14 – Síntese dos legados do passado chinês

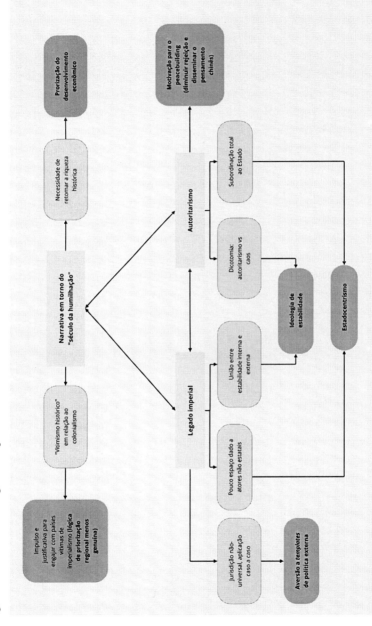

Fonte: elaborado pelo autor com base em Westad (2020)

3.4 EXPERIÊNCIAS NACIONAIS E EVOLUÇÃO ESTRATÉGICA

Em sua análise feita no segundo e último capítulo histórico da obra, Chas W. Freeman Jr. nota que a China é tanto uma civilização quanto um Estado: Estados possuem estratégias que são informadas pelas civilizações que os compõem. Como civilização, a China possui diversos pontos dignos de consideração:

> China is a cultural entity of remarkable antiquity and continuity whose distinctive characteristics include:
> * the use of ideograms rather than an alphabet or syllabary to write;
> * a preference for hierarchical, meritocratic systems of governance;
> * esteem for the educated who compete to man the state and deprecation of those in other walks of life;
> * an obsession with "face" ([...] — prestige, dignity, status, and influence derived from the esteem of those one respects);
> * reverence for age and ancestry;
> * an elite bias toward agnosticism rather than religiosity;
> * an emphasis on communal propriety rather than law to maintain order, resolve disputes, and preserve social tranquility; and
> * culinary traditions based on food sized for extremely fuel- efficient cooking and consumption with chopsticks (Freeman Jr., 2020, p. 37).

Historicamente, a China é associada com altas densidades populacionais. Isso permite uma agricultura intensiva em mão de obra, que depende da reciclagem de resíduos humanos e animais para o cultivo de alimentos e a criação de peixes e galináceos. Esse tipo de agricultura exige muita irrigação, o que fez com que a cultura chinesa ficasse restrita a uma área específica na qual obras de engenharia, como terraços e represas, pudessem satisfazer as necessidades agrícolas. Barreiras como desertos, montanhas, florestas e mares não servem como proteção contra a agressão nômade ou contra estrangeiros vindos do mar — mas serviram para isolar a civilização chinesa de outras que poderiam ser vistas como iguais em nível de desenvolvimento. Isso gerou um desdém por estrangeiros, algo que só amplificou o trauma gerado pelas perdas de prestígio impostas pelo Ocidente entre os séculos 16 e 20 (Freeman Jr., 2020).

3.4.1 Identidades estatais

Ao longo de sua história, o território correspondente à civilização chinesa foi governado por diversos Estados, cada um com personalidade própria e visão de mundo particular. O primeiro Estado a unificar a China foi o Império Qin, uma cultura bélica, parcialmente assimilada na periferia de um sistema cultural menos belicista. Os Qin tiveram um governo efêmero, mas reforçaram padrões importantes:

> Even before Qin, Chinese saw unity as their country's natural and only legitimate order. Each new state established to govern all of China thought of itself as defining a new era and constitutional reality that separated its order from those of the past. In the past millennium, this was true for the Yuan (the state within the Mongol Empire that Genghis Khan's grandson, Kublai Khan, imposed on China in 1271), for the Ming (founded by insurgent Chinese peasants in 1368), and for the Qing (imposed on China in 1644 by its Manchu conquerors) (Freeman JR., 2020, p. 38).

Os dois últimos governos chineses, a República da China e a República Popular da China (RPC), seguiram essa tendência, repudiando certos elementos de seus antecessores e aceitando outros. No caso da RPC, mesmo que a sua conexão com o passado cultural chinês tenha aumentado com seu "amadurecimento", ainda há uma identificação como um regime que transformou a ordem política em algo totalmente diferente e novo, com base na ideologia do marxismo-leninismo (o marxismo ser estrangeiro também reforça esse sentimento de ineditismo).

A atuação contemporânea nesse sentido também possui certos pontos dignos de atenção:

> **Significantly, unlike previous Chinese states (including the ROC), the PRC did not establish a calendar linked to its reign over China.** It accepted the internationally ubiquitous Gregorian calendar as its own. **In retrospect, like the ROC and unlike the Qing, the PRC sought acceptance rather than isolation from the international state system,** but this could not become fully apparent until the PRC was admitted to that system. It then proved to be a cautious student and conservative supporter of the existing order, to which it rapidly assimilated itself. This is especially notable because, for over two decades, a vigorous US effort to ensure that the PRC could not join the United Nations or other elements of the American- led world order had left it on the outside, looking in (Freeman Jr., 2020, p. 39, grifo nosso).

Essa descrição é um evidente exemplo do conceito de integração de normas visto no capítulo anterior. Nessa perspectiva, a busca por uma integração com o sistema internacional foi uma escolha consciente, reproduzindo escolhas do governo anterior e rejeitando o isolamento que o governo imperial buscou, ainda que a rejeição externa tenha atrasado tal integração.

3.4.2 O imperativo de uma ordem pacífica

A dominação estrangeira não é uma novidade na história chinesa. Segundo o autor, dependendo de como se define o conceito de "China", conquistadores estrangeiros dominaram a maioria ou todo o país por 365 ou 542 anos no último milênio. Além disso, entre 1842 e 1949, imperialistas japoneses, europeus e estadunidenses atacaram a China pelos mares. Essa agressão estrangeira, além de representar uma humilhação aos Estados Qing e à República da China, era vista como uma ameaça existencial contra o governo nacional chinês (Freeman Jr., 2020).

Especificamente, o império Qing mostrou-se incapaz de defender a sociedade chinesa contra a dominação ocidental ou mesmo manter a ordem social, o que ultimamente resultou na morte violenta de 50 a 60 milhões de chineses. Já Chiang Kai-shek, líder da República da China (1911-1949), foi forçado a moderar seu nacionalismo e recorrer à ajuda estrangeira, especialmente dos EUA, sacrificando a autonomia estratégica em troca de apoio tático contra inimigos internos e externos, como insurgentes comunistas e invasores japoneses. A República da China não demonstrou resultados satisfatórios contra nenhum deles e foi forçada ao exílio no Taiwan, onde só sobrevive até hoje devido à proteção da marinha estadunidense.

Tais memórias de impotência e fraqueza afetam profundamente o nacionalismo chinês hoje representado pelo Partido Comunista Chinês (PPCh). A violência extrema da Revolução Cultural (1966-1976) fortaleceu uma obsessão já existente com a manutenção de uma ordem estável em sua periferia e com a tranquilidade doméstica em seu país. Além disso, há uma ampla crença na necessidade de um Estado forte e centralizado para restaurar o status chinês e proteger seu povo contra a agressão estrangeira (Freeman Jr., 2020). Esses dois pontos, evidentemente, relacionam-se com a ideologia de estabilidade e o estadocentrismo do *peacebuilding* chinês. Por fim, o autor descreve como a política de integração internacional encaixa-se perfeitamente nesses ideais:

> The international state system established after World War II sought to protect the weak from the strong by subjecting both to rules and standards of conduct. Given their country's history, Chinese have had ample reason to favor such protections. **Fostering a "peaceful international environment" on China's periphery that would allow it to concentrate on its domestic development has been a seminal objective of the PRC's grand strategy.** Beijing has come to see peace on the PRC's borders as the essential prerequisite for the achievement of both prosperity and immunity from foreign aggression (Freeman Jr., 2020, p. 40, grifo nosso).

Esse imperativo pela paz, enraizado nas experiências históricas dos últimos dois séculos de história chinesa, é um ponto fundamental para a constituição do *peacebuilding* com características chinesas. Com a expansão internacional da China, seus pontos de contato passam a incluir outros países, um incentivo para que a ideologia de estabilidade seja aplicada a outros países.

3.4.3 Governança sob a RPC

As políticas erráticas e por vezes "delirantes" do fundador da República Popular da China, Mao Zedong, e um esforço contínuo dos EUA para desestabilizar e derrubar o governo comunista levaram a muito desperdício de tempo e sofrimento humano, mas o governo chinês gradualmente passou a conformar-se com as expectativas que a civilização chinesa coloca sobre seus Estados. O país preservou (com simplificações) o sistema de escrita ideográfica e outros aspectos de sua identidade cultural, conseguiu unir o leninismo com a tradicional meritocracia para modernizar sua governança burocrática, restaurou a ligação entre educação, competência técnica e prestígio, passou a, com certas exceções, tolerar sua religiosidade e conciliou, com um grau misto de sucesso, o Estado de Direito como alternativa à interpretação burocrática da política pública. Portanto, ao mesmo tempo que o país promoveu quebras profundas com o passado a partir de uma industrialização ao estilo soviético e uma coletivização rural desastrosa, o legado da civilização chinesa manteve-se presente.

A abordagem de relações exteriores também foi diferente de regimes anteriores. Na década de 1950, o país estava sob influência soviética e aceitou a visão de mundo de seu patrocinador sobre a ordem internacional do pós-Segunda Guerra Mundial. Outro ponto importante foi a adoção de normas internacionais que proclamavam a igualdade soberana entre os Estados, algo impensável na tradição do Estado chinês — tais normas eram vistas como um contraponto à dominação estrangeira experienciada pelo país (Freeman Jr., 2020). Esse ideal de igualdade reflete-se na lógica de priorização regional do *peacebuilding* chinês. A década seguinte vislumbrou novas mudanças:

It soon appeared that the USSR wanted to subordinate the PRC to its ideological leadership. By the 1960s, the PRC had reason to fear a Soviet attempt to subjugate it militarily. Premodern Chinese regimes had insisted on international acceptance of an international hierarchy, with the Chinese state at its apex. Now the USSR seemed to have a similar view of how international affairs should be organized, but with itself at the top of the heap. The PRC rejected this (Freeman Jr., 2020, p. 41).

3.4.4 Insegurança na fronteira e confronto sino-americano

A República Popular da China possui sua própria visão de mundo e maneira de engajar com o sistema internacional, como visto na seção anterior. Dessa forma, o sistema tributário e seus meticulosos rituais, criados para garantir o prestígio cultural dos governantes chineses e ocultar suas práticas desiguais de comércio, foi substituído por um novo código de conduta, que enfatiza a igualdade entre os Estados. Os "Cinco Princípios da Coexistência Pacífica", codificados em acordo bilateral entre a China e a Índia em 1954, são, de acordo com o autor, uma versão sucinta dos preceitos da ordem westfaliana: proclama-se o respeito mútuo pela integridade territorial e soberania de cada um, não agressão mútua, não interferência mútua nos assuntos de cada um, igualdade e cooperação para benefício mútuo e a coexistência pacífica (Freeman Jr., 2020).

Esses princípios, formulados em resposta às tentativas dos americanos e soviéticos de subordinar os Estados da região às suas esferas de influência, são importantíssimos para compreender o *peacebuilding* com características chinesas — Adhikari (2021) nota que o governo chinês evita interferir na forma de governo de seus parceiros, dialogando tanto com países democráticos quanto não democráticos apesar de sua natureza autoritária. Há implicações mais profundas para os princípios:

> Among other things, the five principles represent a definitive repudiation of the pre-colonial, Sinocentric order in East Asia. [...] The five principles are key guidelines of PRC foreign policy, reliably predicting much of its behavior. **The PRC accepts the Westphalian notion of states acting as nominal equals in their exclusive control of territories and their inhabitants.** It does not espouse the premodern Asian notion of loyalty to a hierarchy of authority with China (or a duopoly — "G2"— of China and the United States) at its apex (Freeman Jr., 2020, p. 42, grifo nosso).

Noções mais flexíveis de soberania, como a proposta pelo *peacebuilding* liberal, são, portanto, rejeitadas. Ao mesmo tempo, há forte insistência na soberania como forma de independência e autodeterminação em um mundo de ideologias e sistemas socioeconômicos diversos — como exemplo disso, Pequim honra os visitantes de nações pequenas tanto quanto os mais poderosos para enfatizar sua crença na igualdade entre os Estados.

3.4.5 Insegurança na fronteira e confronto sino-americano

Logo após a proclamação da RPC em outubro de 1949, Kim Il-sung, líder da República Democrática Popular da Coreia[4], persuadiu Stalin e Mao a apoiar sua tentativa de unificação forçada da Coreia. Os Estados Unidos, apoiadores do regime sul-coreano, responderam militarmente, com o aval do Conselho de Segurança das Nações Unidas (a União Soviética absteve-se e não utilizou o veto, enquanto a República Popular da China ainda não era considerada o governo legítimo da China na ONU). A intervenção norte-americana manteve a divisão das Coreias e frustrou o plano da RPC de tomar o Taiwan à força e concluir a reunificação do país — o "problema de Taiwan" continua aberto até hoje.

---

4   Mais conhecida como Coreia do Norte.

Os resultados da guerra e os enfrentamentos no Estreito de Taiwan levaram a 20 anos de hostilidade geopolítica entre os Estados Unidos e a República Popular da China, algo que o autor lamenta como um "desastre estratégico" (Freeman Jr., 2020). Nessa perspectiva, o isolamento que o governo da RPC enfrentou nas suas primeiras décadas de existência foi uma imposição infeliz advinda de circunstâncias desfavoráveis, e não uma escolha consciente de rejeição à ordem internacional.

Portanto, durante as décadas de 1950 e 1960, a política norte-americana de contenção do avanço do comunismo, dirigida principalmente contra a URSS, também foi aplicada contra a China. As forças armadas chinesas continuavam a pressionar o Taiwan, enquanto os Estados Unidos patrulhavam a costa chinesa e conduziam operações clandestinas para tentar desestabilizar o país. Para quebrar a bolha de contenção, foi promovida uma estratégia global de revolução e antiocidentalismo, com foco no Sudeste Asiático, que buscava a derrubada da ordem internacional liderada pelos EUA e condenava as instituições multilaterais criadas após a Segunda Guerra Mundial. A resposta diplomática americana foi incisiva, excluindo a China de todos os fóruns internacionais, incluindo a ONU, e dificultando seu reconhecimento por outros países. Isso fez com que a RPC ficasse às margens do sistema internacional, mas ainda assim teve impacto no mundo:

> The PRC supported communist insurgencies in Malaya and the Philippines as well as the communist participants in the independence struggles and civil wars in Indochina (Laos, Vietnam, and ultimately Cambodia as well). **It cultivated the non- aligned movement, made common cause with post- colonial India and Indonesia against both Washington and Moscow, identified itself with the "Third World," and began a program of foreign aid in East Africa** (Freeman Jr., 2020, p. 43, grifo nosso).

Esse engajamento paralelo, apesar de ser o contrário de um ideal de manutenção da paz, trouxe uma das raízes do *peacebuilding* com características chinesas. A lógica de priorização regional chinesa é atravessada pela identificação terceiro-mundista que se desenvolveu durante o período de isolamento diplomático e retórica revolucionária e antissistêmica.

3.4.6 Parceria com os EUA e grande estratégia dengista

Por duas décadas, os Estados Unidos utilizaram o Taiwan como forma de frustrar a União Soviética e conter a China. Em 1971-1972, essa tendência foi revertida e os americanos viram na RPC uma possibilidade de conter a União Soviética, devido à crescente rivalidade entre as duas potências socialistas. O comunicado de Xangai, publicado ao final da visita do presidente Richard Nixon à capital chinesa em 1972, iniciou um período de cooperação estratégica, ainda que limitada, entre os dois países. O pragmatismo, base da prática de aversão a *templates* de política externa, é evidente nesse episódio da política externa chinesa, algo já observado em análises anteriores.

Essa aproximação inspirou mudanças na política doméstica chinesa. Em 1978, Deng Xiaoping promoveu um grande processo de abertura no país, abrindo a possibilidade de aprendizado com os Estados Unidos e com o Ocidente e derrubando as rígidas estruturas ideológicas postas pela tutela soviética e pelo governo de Mao Zedong. A política de "libertar" o Taiwan à força foi substituída por um esforço em direção à reunificação pacífica, e, no lugar de tentar transformar o mundo de acordo com o pensamento marxista-leninista-maoísta, a República Popular da China buscou transformar-se a partir de ideias do Ocidente e de comunidades diaspóricas chinesas (Freeman Jr., 2020).

Isso foi o início do que Freeman Jr. denomina como uma grande estratégia dengista. Uma grande estratégia é um planejamento que coloca "[...] long- term objectives and align policies with political, economic, informational, cultural, and military resources to support their implementation" (Freeman Jr., 2020, p. 44). As diversas políticas revisadas por Deng consistiram em uma grande estratégia com o objetivo final de garantir a volta do poder e riqueza chineses a partir de um programa de reforma e abertura ao mundo capitalista, concentrando-se inteiramente no desenvolvimento econômico (outra característica do *peacebuilding* chinês) enquanto evitava o confronto com grandes potências.

Para isso, o país buscou: i) estabelecer e sustentar um ambiente pacífico nas fronteiras e entradas para a China (novamente, uma manifestação da ideologia de estabilidade); ii) evitar a formação de alianças, inimizades ou a escolha de lados nas disputas de outros países; iii) manter um perfil político e militar discreto; iv) cultivar amizade e comércio com todas as nações sem distinções ideológicas (novamente uma expressão do pragmatismo); e v) minimizar o atrito com outros países, agindo com parcimônia contra insultos e provocações.

O programa de "quatro modernizações", em tese, incluía a defesa nacional junto de agricultura, indústria e ciência e tecnologia. Porém o gasto com defesa diminuiu significativamente entre 1980 e 1987, devido a ações tomadas anteriormente. Deng acreditava que era necessário garantir a segurança contra possíveis ações de cerceamento por parte da União Soviética de forma que o país pudesse focar em seu desenvolvimento. Para quebrar essa estratégia, em 1979 a China lançou uma campanha militar contra o Vietnã como forma de "encorajar" o país a desistir de um expansionismo associado com a União Soviética — a operação foi custosa, mas teve sucesso, eliminando a percepção de ameaça. O colapso soviético em 1991 eliminaria completamente a ameaça de cerceamento, facilitando a retomada de relações com o Vietnã.

Ao mesmo tempo, a aproximação com os Estados Unidos foi crucial para o desenvolvimento da política de segurança chinesa. A invasão soviética do Afeganistão em 1979 intensificou a parceria entre os países, que passaram a cooperar em matérias militares, de inteligência e estratégia, ampliando a pressão sobre a URSS e ajudando a modernizar o setor de defesa chinês. O fim do império soviético em 1989 acabou por eliminar os motivos por trás da cooperação sino-americana, ao mesmo tempo que problemas internos na China se intensificaram (Freeman Jr., 2020). De qualquer forma, o período da grande estratégia dengista foi crucial para o desenvolvimento dos ideais posteriores do *peacebuilding* chinês, em grande medida devido ao seu foco no desenvolvimento econômico.

3.4.7 Grande estratégia após 1989 e desilusão com os EUA

A repressão aos protestos da Praça Celestial em 1989, analisada mais a fundo nas seções anteriores, fortaleceu os críticos domésticos do regime chinês e manchou a reputação internacional do país. Para enfrentar esse desafio, Deng propõe seis novas recomendações para a política externa: observar tendências e acontecimentos de forma imparcial e desapaixonada; permanecer firme, lidar com desafios de forma calma e deliberada; evitar a fama e cultivar a obscuridade; permanecer humilde e não tomar a iniciativa. Essencialmente, o país deveria tentar obter ganhos de forma discreta.

Pequim reagiu agilmente à dissolução da União Soviética de acordo com os preceitos de Deng, rapidamente normalizando relações com a Rússia e os outros países sucessores da URSS. O objetivo não era somente pacificar as fronteiras, mas garantir que, quando a Rússia recuperasse seu poder, a China tivesse uma relação amistosa com seu grande vizinho. Também foram resolvidas diversas questões de fronteira terrestre e no Mar do Sul da China com vários países próximos. Houve problemas não resolvidos, em particular disputas militares de fronteira com a Índia, a soberania disputada com o Japão das ilhas Senkaku/Diaoyu (com conflitos entre as guardas costeiras dos países), disputas com diversos países em torno das ilhas Spratly tensões em torno de ilhas artificiais com os EUA. O "problema do Taiwan" intensificou-se, motivando maiores esforços militares e diplomáticos na região.

Apesar disso, a China seguiu sua grande estratégia de evitar conflitos maiores e evitou confrontar os EUA mesmo em casos nos quais a retaliação militar seria justificável (especificamente, o bombardeio da embaixada chinesa na Sérvia durante a campanha aérea contra a Iugoslávia em 1999 e a colisão entre um avião espião e um caça chinês nos céus da ilha Hainan em 2001). Ao mesmo tempo, seguindo uma linha que pode ser interpretada a partir da lógica de priorização regional, a República Popular da China tem, cada vez mais, visto relações diretas com o Taiwan como a chave para solucionar o problema de reunificação, enxergando os EUA como um agente externo que estraga a relação entre os dois atores. Para isso, a República Popular da China buscou desenvolver suas forças armadas a ponto de poderem suprimir a presença americana em torno de Taiwan, atingindo seus objetivos em 2008 e conquistando a proeminência no estreito em 2018. Esse afastamento dos EUA é um fenômeno relativamente recente:

> For three decades after the inception of "reform and opening" in 1978, the PRC was an avid student and emulator of American institutions and practices. In many respects, Chinese saw America as the primary model for the modernization of their financial system, including banking, insurance, stock markets, and "wealth management." American influence slowly became apparent in almost all aspects of Chinese daily life, even the Chinese military establishment (Freeman Jr., 2020, p. 49).

A crise financeira de 2008, causada e mal gerenciada pelas elites econômicas norte-americanas, convenceu muitos chineses de que os Estados Unidos já não serviam mais como modelo de aprendizado. Nesse mesmo período, a economia da China cresceu gigantescamente, assim como suas capacidades militares (inclusive para operações de *peacekeeping*) e técnico-científicas. A RPC também lidera o setor de manufatura global, tem assumido a liderança na provisão de instituições financeiras internacionais (ao mesmo tempo que falta vontade americana de reformar as instituições criadas por eles próprios em Bretton Woods) e tem cuidadosamente buscado preencher o vácuo causado pela diminuição dos esforços dos EUA em combater a mudança climática (Freeman Jr., 2020).

Essa maior relevância chinesa causa desconforto nos Estados Unidos. As táticas chinesas de aquisição de propriedade intelectual (muito parecidas com as utilizadas pelos próprios americanos no século 19) muitas vezes envolvem meios clandestinos e geram profunda irritação para os norte-americanos, que atribuem o sucesso tecnológico chinês ao roubo e trapaça. O crescimento do poderio militar chinês é alarmante e gera um dilema de segurança: os projetos chineses que visavam desenvolver suas capacidades defensivas foram interpretados como agressivos pelos EUA, o que levou a uma réplica estadunidense e posterior tréplica chinesa insistindo nesse desenvolvimento.

Esse novo contexto internacional necessitou um abandono das premissas de discrição postas pela grande estratégia dengista. A resposta americana hostil dificilmente será revertida — o país é um participante (e objeto) ativo de tendências e acontecimentos internacionais, e se tornou um foco de atenção global e possível candidato a substituir a liderança internacional dos Estados Unidos. Em nível regional, a economia da Ásia Oriental está cada vez mais centrada na China e tentativas estadunidenses de reverter essa tendência fracassaram (Freeman Jr., 2020).

A crise de 2008 foi, portanto, um ponto de inflexão. A partir dela, a República Popular da China, cada vez mais, passou a disseminar suas próprias normas internacionais, indo além da mera integração de normas já existentes. Não é surpreendente, por isso, que o *peacebuilding* com características chinesas seja um fenômeno recente, ainda que formado por tendências profundas e antigas nas relações exteriores do país.

3.4.8 Em direção a uma grande estratégia revisada e a conclusões

A maior desconfiança nas relações sino-americanas, além do sentimento de paridade entre os dois países, levou o presidente chinês Xi Jinping a formular uma proposta para criar um "novo tipo de relacionamento entre grandes potências". Essa proposta previa o abandono de jogos de soma-zero e o respeito mútuo aos objetivos estratégicos centrais de cada país (algo que notavelmente se assemelha aos Cinco Princípios formulados décadas antes).

Tal proposta, ainda que vaga, era consistente com o mundo proposto pelos EUA após a Segunda Guerra Mundial e mostrava que a China estava disposta a aceitar a presença americana na Ásia desde que esta não fosse dirigida contra a própria China. A recusa dos EUA, que não acreditava no ideal de paridade e temia um decréscimo de seu poder global, fez com que a China se aproximasse da Rússia utilizando a mesma proposta de relação entre grandes potências, o que contribuiu para a significativa melhoria de relações entre os dois maiores países da Ásia (Freeman Jr., 2020).

A ascensão do governo Trump concluiu uma transição de política externa na qual a China não era mais vista como um rival ocasional, aberto a transações cooperativas, mas sim como um adversário antagônico. Os Estados Unidos se posicionaram como oponentes da China em diversos âmbitos:

- geopolitically (with special reference to Africa and Latin America as well as to China's growing partnership with Russia and presumed ambition to organize a new, non- American- led world order);
- diplomatically (through an effort to exclude the PRC from a significant role in managing affairs in its region, on the Eurasian landmass and adjacent areas through the Belt and Road Initiative, or in the global commons);
- economically (through bilateral economic warfare, including sanctions, investment restrictions, tariffs and import quotas, intervention to halt the legal transfer of intellectual property to Chinese licensees, and efforts to bar Chinese high- tech companies from penetrating markets abroad traditionally dominated by American or US- friendly multinational companies);
- informationally and culturally (through attacks on PRC foreign relations with third countries and alleged PRC influence operations in both the United States and abroad);
- militarily (through naval and intelligence collection operations in the PRC's maritime near abroad and efforts to complicate PRC power projection from its coastlines or offshore island bastions); and

> competitively, in other militarily and economically relevant strategic domains like cyber and outer space (Freeman Jr., 2020, p. 53-54).

A estratégia de acomodar os interesses americanos é invalidada por um antagonismo tão profundo. Ao mesmo tempo, a rendição não é vista como uma opção plausível dentro da República Popular da China. Nesse sentido, o autor delineia diversas alternativas à disposição dos chineses para contra-atacar a hegemonia americana, podendo utilizar-se de uma estratégia cautelosa ou agressiva:

> In this context, a relatively restrained PRC response to the threats it now faces from the United States could conceivably include policies designed to:
> - open Chinese financial markets, but only to non- American banks, brokerages, and insurance companies;
> - conclude bilateral investment treaties to promote cross- investment, but only with countries other than the United States;
> - work with other nations offended by US unilateral sanctions to accelerate the development of a banking system disconnected from the United States that can end global dollar supremacy;
> - cooperate with the EU, Japan, and others to reform and reinforce the WTO, strengthen other multilateral institutions, and form new institutions to supplement those earlier created and dominated by the United States (Freeman Jr., 2020, p. 54).

Uma resposta mais agressiva consistiria no seguinte:

> - adopt a policy of aiding any country subject to unilateral US sanctions or ostracism — actively seeking to exploit any vacuum the US ostracism creates, not just moving into it;
> - cooperate with others to undercut US efforts to pressure Cuba, Iran, North Korea, Venezuela, etc.;
> - work with other autocracies to set standards for cyberspace that support sovereign rather than multilateral control of cyberspace and the use of artificial intelligence and other applications of digital

technology to maintain domestic tranquility by controlling political expression and maximizing immunity to cyberattack;

- mount a worldwide campaign against US unilateralism, unreliability, and interference in other countries' politics, including support for regime change;
- in cooperation with Russia, Iran, north Korea, and other countries subject to US threats, encourage movements in nations allied or aligned with the United States to protest any further US military presence or use of facilities on their territory;
- support South- North unification and post- unification strategic neutrality in Korea;
- intensify efforts to strip Taiwan of its remaining diplomatic recognition or constrict its semi- official representation abroad;
- seek amendments to the UN Convention on the Law of the Sea (which the United States has not ratified) to enact the PRC (and probable majority international) view on baseline- drawing to delimit sovereignty and the right to restrict naval activities near coastlines; and
- step up the campaign to convince Taiwan that the United States is unreliable, and that time is running out for it, in the absence of some form of reunification with the rest of China (Freeman Jr., 2020, p. 54-55).

Freeman Jr. (2020) reconhece também uma possibilidade ainda mais agressiva que implicaria, entre outras medidas drásticas, mudanças na doutrina nuclear chinesa para autorizar a possibilidade de um ataque nuclear sem que este seja uma resposta a outro ataque nuclear. O resultado de tais confrontos é bastante incerto e sem dúvida alterará irreversivelmente as relações internacionais no século 21. De qualquer forma, a ideia de *peacebuilding* chinês parece se encaixar em uma proposta mais cautelosa, utilizando-se da integração e disseminação de normas para reduzir a influência ocidental em regiões chave (a partir da lógica de priorização regional) ao mesmo tempo que a influência chinesa é ampliada e consolidada.

Por fim, o autor nota que a República Popular da China ainda não cumpriu as "tarefas essenciais" de um Estado chinês: a restauração da integridade territorial e o estabelecimento de fronteiras amplamente reconhecidas. Essas tarefas serão objetivos da política externa chinesa até sua conclusão. A liderança regional e global não foi um objetivo original, mas o antagonismo estadunidense cada vez mais empurra o país a buscar uma posição de liderança — a discrição dengista já não é mais capaz de lidar com os desafios do século. A análise se encerra com as seguintes considerações:

> China is now fully integrated into the American-sponsored globalized order. In the context of American hostility, the US retreat from that order and alienation of its international partners give the PRC a strong incentive to expand and reshape world affairs in ways that defend and advance Chinese interests. To do this, the PRC must make common cause with a substantial majority of the world's nations, including great and medium- ranked powers in Europe, Latin America, and Africa. Most of these countries have long been aligned with the United States. **To enlist their support, China must not just court them but modernize its diplomacy to acquire the ability to manage coalitions of the likeminded. Such diplomacy demands a level of empathy for foreign interests that has not been much in evidence in the PRC's conduct of foreign affairs to date.** The challenges before Chinese grand strategy are clear. The ability of the PRC to meet them is not (Freeman Jr., 2020, p. 57, grifo nosso).

Sob essa perspectiva, a própria prática de *peacebuilding* é uma tentativa de angariar apoio internacional. Engajar-se com a reconstrução de países após conflitos é uma forma válida e internacionalmente reconhecida de disseminar normas, e a China possui amplas experiências históricas para orientar essa prática, ainda que seja difusa, pouco institucionalizada e carente de modelos aprofundados para a condução de política pública. O capítulo a seguir busca revelar mais detalhes sobre a aplicação empírica do *peacebuilding* com características chinesas a partir da análise do caso tunisiano após a Primavera Árabe.

A figura a seguir sintetiza a análise do autor com foco nos achados relevantes para a construção do *peacebuilding* chinês. Em cinza escuro, estão destacados os atributos do *peacebuilding* e do movimento de integração e disseminação de normas:

Figura 15 – Ciclo da grande estratégia chinesa e sua relação com o peacebuilding

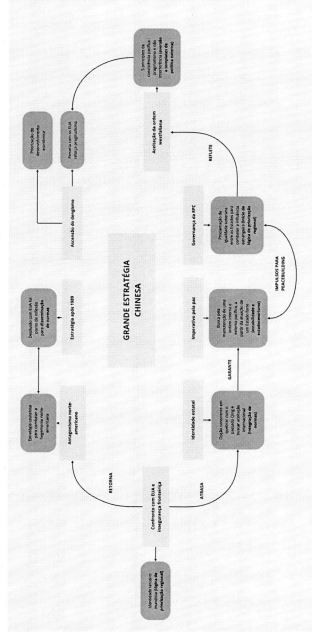

Fonte: elaborado pelo autor com base em Freeman Jr. (2020)

3.5 CONSIDERAÇÕES PARCIAIS DO CAPÍTULO

O Quadro 3 apresenta uma síntese das quatro obras analisadas, com base nos cinco conceitos-chave do *peacebuilding* com características chinesas proposto por Adhikari (2021) e no movimento de integração e disseminação de normas descrito por Yuan (2022).

Quadro 3 – Síntese das considerações parciais

	Principal variáveis em análise	Origem da ideologia de estabilidade	Origem da aversão a *templates* de política externa	Origem da priorização do desenvolvimento económico	Origem da lógica de priorização regional	Origem do estadocentrismo	Origem do movimento por integração/disseminação de normas
Fairbank (1969)	Tradições de política externa	Primado estratégico do interior da Ásia	Realidade histórica na maior parte dos Estados chineses	Precedentes a partir do período de exploração da dinastia Ming	Contradição possivelmente resolvida em Westad (2020)	Desconfiança quanto a aventuras comerciais individuais	Sistema de poder pela cultura e expansão pela dinastia Ming
Shambaugh (2020)	Isolamento v.s. integração ao longo do tempo	Atributo já existente, fortemente intensificado a partir da repressão em 1990	Década de 1960: dissolução do Ministério de Relações Exteriores e aproximação com EUA	Priorização da economia no governo dengista a partir de 1970	Identidade terceiro-mundista assumida na década de 1950 e reforçada ao longo do tempo	Tendência intrínseca, reforçada na década de 1990 e 2000 com o movimento de expansão global	Integração iniciada na década de 1970, disseminação crescendo junto ao poderio chinês

Principal variáveis em análise	Origem da ideologia de estabilidade	Origem da aversão a *templates* de política externa	Origem da priorização do desenvolvimento econômico	Origem da lógica de priorização regional	Origem do estadocentrismo	Origem do movimento por integração/disseminação de normas
Autoritarismo, legado imperial e narrativas construídas	Sistema imperial regional (interações com vizinhos) e dicotomia autoritarismo v.s. caos	Jurisdição não universal e aplicação caso a caso do sistema imperial-regional	Necessidade de retomar a riqueza histórica para justificar o autoritarismo	"Vitimismo" histórico em relação ao colonialismo	Pretensão totalitária Qing e pouco espaço de atores não estatais no sistema imperial	Tentativa de amenizar a rejeição ao autoritarismo do país
Principal variáveis em análise	Origem da ideologia de estabilidade	Origem da aversão a *templates* de política externa	Origem da priorização do desenvolvimento econômico	Origem da lógica de priorização regional	Origem do estadocentrismo	Origem do movimento por integração/disseminação de normas

Westad (2020)

POLÍTICA EXTERNA CHINESA E PRIMAVERA ÁRABE:
PEACEBUILDING NA RELAÇÃO CHINA-TUNÍSIA

	Principal variáveis em análise	Origem da ideologia de estabilidade	Origem da aversão a *templates* de política externa	Origem da priorização do desenvolvimento econômico	Origem da lógica de priorização regional	Origem do estadocentrismo	Origem do movimento por integração/disseminação de normas
Freeman Jr. (2020)	Evolução da grande estratégia chinesa	Períodos de violência no século 20	Aceitação da ordem westfaliana e aproximação com EUA	Ascensão do dengismo	Proclamação da igualdade entre Estados e período revolucionário antiocidental	Imperativode paz que exige a presença de um Estado forte	Opção consciente pela integração desde a fundação, atrasada pelo confronto com EUA

Fonte: elaborado pelo autor

Cada autor traz perspectivas diferentes sobre pontos relevantes para o *peacebuilding* chinês. Ao mesmo tempo, com exceção de Fairbank (1969) e a contradição entre a doutrina de superioridade chinesa e a lógica de priorização regional, todos os conceitos estão adequadamente fundamentados na história da política externa chinesa. Essa contradição, bem como o caráter menos genuíno atribuído à priorização regional por Westad (2020), reduz a confiança nesse componente do mecanismo causal do *peacebuilding* com características chinesas. Além disso, e novamente com a exceção de Fairbank (1969), considera-se que todos os conceitos podem ser compreendidos a partir dos dois últimos séculos das relações exteriores chinesas, iniciando-se no período de declínio Qing no século 19 e encerrando-se nos dias atuais. A diferença de perspectivas sugere que todos os conceitos possuem raízes variadas e fragmentadas na história chinesa, e que não há uma única linha causal para a presença deles na prática de *peacebuilding* contemporânea — o que condiz com a observação da prática como um modelo pouco formalizado e difuso.

4

PEACEBUILDING CHINÊS NA TUNÍSIA

Conforme foi discutido na introdução, o conceito de *peace-building* com características chinesas será analisado a partir de um mecanismo causal pautado pela lógica bayesiana de inferência, em uma variante *theory-testing* da técnica de *process tracing*. O mecanismo causal é ilustrado nas figuras 1 e 2 deste trabalho e contém como componentes as cinco características do *peacebuilding* chinês: a ideologia de estabilidade, seu estadocentrismo, a priorização do desenvolvimento econômico, a aversão a *templates* de política externa e a lógica de priorização regional. Esses componentes não devem ser entendidos como variáveis, pois variáveis podem ser isoladas e analisadas separadamente, enquanto cada um desses componentes representa uma condição necessária ao mecanismo causal do *peace-building*. A inferência bayesiana é orientada pela seguinte equação:

$$p(h|e) = \frac{p(e|h)\,p(h)}{p(e)}$$

O termo indica a probabilidade posterior, ou seja, o grau de confiança na presença de um dos componentes (representado pelo *h* de hipótese, já que fazem parte das hipóteses deste trabalho) após a coleta de evidência empírica, . indica o grau de compatibilidade da evidência com a hipótese (probabilidade de *e* dado *h),* enquanto o indica a probabilidade da hipótese em si, e da evidência em si. Dessa forma, para obter grandes aumentos potenciais de confiança na hipótese, deve-se buscar evidências empíricas pouco prováveis, surpreendentes, e que tenham um alto grau de compatibilidade com a hipótese (ou seja, que não sejam facilmente explicadas por hipóteses concorrentes). Embora este trabalho não utilize cálculos matemáticos para preencher a equação bayesiana, ainda que isso seja possível de acordo com Beach e Pedersen (2013), cada análise dos componentes do mecanismo causal indicará previamente a confiança na presença do componente (tendo em vista a revisão bibliográfica e histórica feita nos capítulos anteriores) e a probabilidade da evidência empírica assim como sua compatibilidade com os componentes do mecanismo causal. Hipóteses "concorrentes" serão consideradas de forma geral, observando-se se é possível oferecer uma explicação alternativa à hipótese do *peacebuilding* com características chinesas.

Na seção 4.1 deste capítulo, é analisada a ideologia de estabilidade a partir de um teste duplamente decisivo sobre a reação chinesa ao golpe tunisiano de 2021. A seção 4.2 concerne à priorização do desenvolvimento econômico e será usado um teste do tipo *smoking gun* a partir dos investimentos chineses coletados na plataforma AidData, enquanto a seção 4.3 trata do estadocentrismo, investigando o destino de ajuda estrangeira por meio da mesma plataforma e o engajamento com ONGs chinesas em dois *hoop tests* consecutivos. A seção 4.4 trata da lógica de priorização regional, novamente por *hoop tests* consecutivos sobre a autoidentificação chinesa como um *stakeholder* legítimo, sua participação em organizações regionais e sua ameaça a interesses externos. Por fim, a seção 4.5 testa a aversão chinesa a *templates* de política externa a partir de um teste *smoking gun* buscando evidências do pragmatismo e flexibilidade da China nesta matéria.

4.1 A IDEOLOGIA DE ESTABILIDADE

Conforme descrito a fundo no primeiro capítulo, o *peacebuilding* chinês é pautado por uma ideologia de estabilidade — o que implica dois atributos: uma união da estabilidade interna e externa (ou seja, nessa perspectiva, a estabilidade da Tunísia contribuiria para a estabilidade chinesa, assim como conflitos no país podem transbordar para a China) e uma versão minimalista de paz, focada na ampliação de capacidades estatais e que dá pouca atenção a temas como direitos humanos, transformação estrutural e política a longo prazo e justiça restaurativa (Adhikari, 2021). Devido à proeminência dessa "obsessão" com estabilidade na história da política externa chinesa, há alta confiança na presença deste componente do mecanismo causal (alto).

Uma relação entre a estabilidade chinesa e a estabilidade da região da Ásia Ocidental e Norte da África (WANA, em inglês, a classificação chinesa equivalente a Oriente Médio e Norte da África), da qual a Tunísia faz parte, pode ser estabelecida a partir de dois fatores. Em primeiro lugar, há interesses econômicos e logísticos — o país investiu quantias consideráveis na região e depende da importação de recursos energéticos, especialmente petróleo, para sustentar seu crescimento econômico: a China é o segundo maior importador de petróleo bruto do mundo e quase metade das importações vem da região. Instabilidades na região afetam diretamente a situação doméstica chinesa, portanto. Além disso, há a preocupação com o terrorismo — o governo chinês teme que a disseminação do fundamentalismo islâmico pela região possa influenciar e radicalizar os movimentos separatistas uigures na região de Xinjiang. Por isso, mesmo que as relações com a Tunísia fossem pouco significativas, o risco gerado pela perda de um regime amigo na região era visto como alto, e a China apoiou a transição política e econômica na Tunísia como forma de mitigar tal risco de instabilidade (Chaziza, 2021).

O contexto tunisiano traz uma oportunidade de elaborar um teste empírico duplamente decisivo. Um teste duplamente decisivo, como o nome sugere, é decisivo tanto negativamente quanto positivamente: passar no teste corrobora fortemente uma explicação, enquanto falhar reduz significativamente a confiabilidade dela (Van Evera, 1997). O mecanismo causal prevê que a diplomacia chinesa demonstra pouca preocupação com instituições democráticas, tema associado ao *peacebuilding* liberal, preferindo uma versão simples de estabilidade marcada pela ausência de conflitos abertos. Portanto, mensurar a reação chinesa a um autogolpe que enfraquece as instituições democráticas, como o que ocorreu na Tunísia em

2021, é uma maneira importante de medir o poder explicativo da ideologia de estabilidade em relação ao comportamento da política externa chinesa.

Em 2011, os protestos da Primavera Árabe levaram ao fim do longevo regime de Zine El Abidine Ben Ali na Tunísia, acarretando a ascensão de Mohamed Moncef Marzouki após uma eleição na Assembleia Constituinte do país. Três anos depois, o país promulgou sua constituição e realizou eleições diretas, consideradas livres e justas, nas quais Marzouki foi derrotado pelo candidato da oposição. O Quarteto de Diálogo Nacional, grupo pró-democracia formado por quatro organizações da sociedade civil tunisiana (União Geral Tunisiana do Trabalho, a União Tunisiana da Indústria, do Comércio e do Artesanato, Ordem Nacional dos Advogados da Tunísia e Liga Tunisiana dos Direitos Humanos), teve papel essencial no processo de democratização do país e por isso foi agraciado com o Prêmio Nobel da Paz em 2015. A jovem democracia foi muito elogiada por diversos países e organizações internacionais, incluindo a União Europeia e a ONU, mas sofria com atentados reivindicados pelo Estado Islâmico (Quarteto..., 2015).

Em 2019, Kais Saied torna-se o terceiro presidente do país desde a revolução que derrubou o regime anterior, recebendo mais de 70% dos votos em eleições antecipadas devido à morte do presidente anterior, Beji Caid Essebsi. Saied valeu-se de um discurso anticorrupção para conquistar grande apoio entre a população tunisiana, especialmente entre os mais jovens (Tunisia..., 2019). Porém a economia, instável desde antes da Primavera Árabe, foi gravemente afetada pela pandemia da Covid-19, e protestos violentos irromperam em diversas cidades do país. Esses protestos, porém, não foram dirigidos contra Saied, e sim contra o primeiro-ministro e o Parlamento do país, vistos como responsáveis pela crise. O presidente aproveitou-se da situação para primeiro suspender o parlamento e o primeiro-ministro, uma manobra vista como um golpe pela oposição (Tunisia's..., 2021), e, subsequentemente, assumiu maior controle sobre o Judiciário e dissolveu o parlamento (Tunisia's..., 2022). Este trabalho considera a manobra como um golpe que minou a democracia tunisiana e, portanto, serve como variável para medir a atitude chinesa quanto a mudanças abruptas no regime político de outros países.

Para fins de comparação, buscou-se verificar a resposta dada pelos Estados Unidos à situação, parceiro antigo do país e grande expoente do *peacebuilding* liberal. No dia imediatamente seguinte ao golpe, 26 de julho, o Departamento de Estado divulgou uma nota que, como esperado, destaca a importância da democracia, direitos humanos e a ordem constitucional:

> The United States is closely monitoring developments in Tunisia. We have been in contact with Tunisian government officials to stress that solutions to Tunisia's political and economic troubles should be based on the Tunisian constitution and the principles of democracy, human rights, and freedom. We have been clear in urging all parties to avoid taking any actions that could stifle democratic discourse or lead to violence. We are particularly troubled by reports that media offices have been closed and urge scrupulous respect for freedom of expression and other civil rights.
>
> Tunisia must not squander its democratic gains. The United States will continue to stand on the side of Tunisia's democracy (Office of the Spokesperson, 2021).

A nota foi seguida de uma ligação telefônica entre o então Secretário de Estado Anthony Blinken e o presidente tunisiano, na qual Blinken encoraja o diálogo com atores da sociedade, respeito a direitos humanos e princípios democráticos, além de enfatizar o apoio econômico dos EUA ao país. A embaixada dos Estados Unidos da Tunísia também registrou, no período entre 25 de julho de 2021 (data do golpe) e 31 de dezembro de 2021, dez ações oficiais que tinham a defesa das instituições constitucionais tunisianos como pelo menos uma de suas pautas:

Quadro 4 – Ações oficiais norte-americanas no que concerne à restauração da ordem constitucional na Tunísia

Data	Compromisso
01/08/2021	Reunião com presidente tunisiano com Jake Sullivan, conselheiro de segurança nacional
13/08/2021	Reunião de dois funcionários seniores com presidente tunisiano e líderes da sociedade civil
05/09/2021	Delegação do Congresso dos EUA, liderada por dois senadores, reúne-se com presidente tunisiano e líderes da sociedade civil e parlamento
06/09/2021	Declaração conjunta do G7 defendendo direitos humanos e o Estado Democrático de Direito na Tunísia
15/09/2021	Conselheiro do Departamento de Estado, Derek Chollet, reúne-se com o Ministro das Relações Exteriores tunisiano, Othman Jerandi
25/09/2021	Porta-voz americano Ned Price reafirma a necessidade de indicar um primeiro-ministro para formar um governo
12/10/2021	Departamento de Estado americano celebra a indicação da nova primeira-ministra, Bouden Romdhane, e a formação do novo governo
22/10/2021	Secretária de Estado Assistente, Yael Lempert, reúne-se com Ministro das Relações Exteriores tunisiano e líderes da sociedade civil
01/11/2021	Embaixador americano Donald Blome reúne-se com o secretário da União Geral Tunisiana do Trabalho, Noureddine Taroubi
10/12/2021	Declaração conjunta entre EUA, Canadá, Japão, Reino Unido e União Europeia defende a volta rápida de instituições democráticas, transparência, diálogo e medidas socioeconômicas

Fonte: elaborado pelo autor com base em notícias fornecidas por US Embassy Tunis (2021)

A "sinceridade" da reação norte-americana não é particularmente relevante: o que importa é que foi possível prever um discurso de defesa da democracia tunisiana. A reação inicial chinesa, por outro lado, foi de silêncio oficial. Nenhum comentário oficial de porta-vozes do Ministério das Relações Exteriores do país no período imediatamente após o golpe menciona a Tunísia ou o presidente Saied. Isso está de acordo com observações nos capítulos anteriores de que a China evita interferir diretamente nos assuntos políticos internos de outros países, portanto não é uma evidência surpreendente ainda que aumente a confiança na hipótese. Há, porém, dois achados em um canal menos *mainstream* do que comunicados oficiais, mas que ainda revelam atitudes subjacentes: artigos assinados pelos embaixadores chineses em jornais da Tunísia, devidamente divulgados no site da embaixada. Foram encontrados dois artigos relevantes para o assunto. Ambos foram traduzidos do francês e chinês respectivamente com o auxílio da ferramenta DeepL.

O primeiro, intitulado "Trabalhar em conjunto para promover as relações entre a China e a Tunísia e as duas forças armadas a um novo nível" (tradução livre), foi publicado no jornal *La Presse* no dia 31 de julho de 2021, menos de uma semana após o golpe de Kais Saied. Nele, o então embaixador Zhang Jianguo trata de diversos assuntos, e sutilmente reflete a ideologia de estabilidade em sua escrita.

O texto inicia-se com uma celebração dos cem anos do Partido Comunista Chinês, cujo aniversário foi no dia primeiro de julho. Reproduzindo questões de identidade vistas nos capítulos anteriores, o embaixador destaca que o país passou por um processo de recuperação e prosperidade, tornando-se a segunda maior economia do mundo, além de observar que a pobreza absoluta foi eliminada na China e com isso o país contribuiu para a redução total da pobreza no mundo. Em seguida, há uma interessante lista de contribuições:

> A China fez uma contribuição importante para a manutenção da paz no mundo, para a promoção do desenvolvimento comum, para o reforço da proteção dos direitos do homem, para a promoção de trocas entre os povos e para o canal de cooperação contra o terrorismo e a luta contra a mudança climática. Para responder com eficácia à pandemia de Covid-19, a China está apegada ao conceito de uma comunidade de futuro compartilhado pela humanidade (La Presse, 2021, tradução nossa).

A breve menção a direitos humanos é feita no contexto de respeito a princípios e tratados multilaterais, como a Carta da ONU, então sua inclusão não é surpreendente e não significa uma quebra com a ideologia da estabilidade. Porém mesmo essa breve menção não ocorre no sumário elaborado no site da embaixada chinesa, substituída por uma maior ênfase na ligação entre o "destino chinês" e o destino dos "povos de todo o mundo" — algo que pode ser interpretado à luz da ideologia de estabilidade e sua proclamação de que a estabilidade externa está intrinsecamente ligada à estabilidade interna.

Após isso, o embaixador menciona que tanto Tunísia quanto China são países em desenvolvimento. Os dois países teriam uma longa história de cooperação e amizade, algo refletido na ajuda chinesa contra o avanço da pandemia de Covid-19 no país. No futuro, o autor espera uma maior cooperação em projetos como a Iniciativa Belt and Road e fóruns regionais. Após isso, é feita uma longa exaltação das forças armadas chinesas, em comemoração à véspera do aniversário do Exército de Libertação Popular chinês: como o exército chinês tem se modernizado, como é uma força para justiça e ordem internacional a partir de operações de *peacekeeping* e antiterrorismo, e inclusive como as forças armadas da China contribuíram para distribuir vacinas e equipamentos médicos para vários países. O texto encerra-se de forma muito otimista:

> Os líderes militares e políticos de alto nível trocaram saudações em diversas ocasiões e continuaram a expandir a cooperação nos domínios da formação e da saúde militar. Neste momento crítico da epidemia, o exército chinês está pronto para lutar ao lado do exército tunisino e continuar a prestar assistência para melhorar a sua capacidade de combater a pandemia. Olhando para o futuro, o exército chinês está disposto a aprofundar o intercâmbio e a cooperação com o exército tunisino em vários domínios. Nossos dois países, nossos dois exércitos, vamos trabalhar juntos para elevar as relações bilaterais a um nível ainda mais alto (La Presse, 2021, tradução nossa).

Dessa forma, enquanto os EUA se preparavam para uma série de reuniões demonstrando preocupação com a democracia tunisiana, o embaixador chinês trazia um discurso que enfatizava maior cooperação — inclusive cooperação militar — e destacava esforços conjuntos para enfrentar a pandemia de Covid-19. A ausência de críticas em uma publicação de jornal não é inesperada, mas o próprio *timing* do texto é consistente com a ideologia de estabilidade.

O segundo texto foi publicado vários meses depois, em 7 de dezembro de 2021, no portal de notícias eletrônico *Hakaek Online*. O título "A democracia é um valor comum de toda a humanidade e um direito legítimo de todas as nações" talvez indique, superficialmente, que o texto conterá uma denúncia ao enfraquecimento das instituições tunisianas, mas o corpo do texto traz uma história bem diferente (Ambassade de la République Populaire de Chine en République Tunisienne, 2021).

Assim como o texto anterior, o embaixador introduz seus argumentos retomando um acontecimento recente na China — nesse caso, a sexta sessão plenária do 9.º Comitê Central do Partido Comunista Chinês, que resumiu as conquistas da "luta centenária" do Partido. Após isso, proclama-se que a democracia é um valor comum da humanidade e também algo que o povo chinês apoia. A democracia chinesa uniria a teoria marxista e a realidade e cultura tradicional da China em um caminho liderado pelo Partido, pela soberania popular e pela lei. Seu planejamento racional e científico envolve a população em decisões e combina apoio popular com crescimento econômico expressivo (Ambassade de la République Populaire de Chine en République Tunisienne, 2021). Há uma noção implícita de estabilidade nessa descrição. O núcleo do argumento do autor vem em seguida:

> **A democracia não é monopólio do Ocidente e não deve ser definida pelo Ocidente** [...] A civilização e o sistema político de um país devem estar profundamente enraizados no solo de sua própria sociedade. Copiar o sistema político de outro país não funcionará e pode até enterrar o destino futuro

> do país. Os países não devem ser privados do direito e da liberdade de explorar seu próprio caminho para a democracia, independentemente das muitas diferenças em sua história, cultura, sistemas sociais e estágios de desenvolvimento. **Quanto à democracia de um país ser boa ou ruim, as pessoas de cada país têm sentimentos diretos e têm mais direito de falar, e não devem ser julgadas por alguns países estrangeiros.** É um flagelo para o mundo, e não uma bênção para qualquer país, traçar linhas ideológicas e criar novas divisões em nome da democracia. A China sempre se opôs à interferência nos assuntos internos de outros países e à pregação no estilo «mestre-escola», e apoia os esforços de países do mundo todo, inclusive a Tunísia, para explorar o caminho que se adapte às suas próprias condições nacionais (Ambassade de la Republique Populaire de Chine en Republique Tunisienne, 2021, tradução nossa, grifo nosso).

Essa fala não traz nenhum argumento inédito, sendo quase uma citação direta de uma fala do Ministro de Relações Exteriores chinês, Wang Yi, na oitava reunião ministerial do Fórum de Cooperação China África (Focac), no qual o ministro também se encontrou com o ministro de Relações Exteriores da Tunísia (Wang..., 2021). A publicação do artigo pelo embaixador pode ser então uma maneira de divulgar a posição chinesa para um público mais amplo. De qualquer forma, a posição chinesa, especialmente levando em consideração o contexto da pressão estadunidense pela retomada democrática, é clara: a democracia tunisiana não deve ser julgada por estrangeiros (algo que reflete outro componente do mecanismo causal, a lógica de priorização regional) e o governo do país tem o apoio tácito da China para conduzir a política à sua própria maneira. As referências ao apoio popular que o Partido Comunista Chinês recebe no âmbito doméstico são estratégicas, pois, como visto anteriormente, o golpe teve apoio de tunisianos frustrados com o Parlamento. As citações diretas feitas a partes da ideologia de estabilidade, como a união da estabilidade externa e interna, também tornam a evidência mais surpreendente, aumentando a confiança na hipótese.

Essa posição veio a ser confirmada um ano depois, em 9 de dezembro de 2022. Durante um evento reunindo a China e a Liga Árabe em Riyadh, Arábia Saudita, o líder chinês Xi Jinping reuniu-se com o presidente tunisiano e destacou que a cooperação entre os dois países aumentou apesar das adversidades, como a pandemia, e estaria pronto para um aumento contínuo dessa cooperação (posição já prevista no primeiro texto do embaixador). A fala mais importante ocorreu em seguida:

> Xi Jinping emphasized that China firmly supports Tunisia in pursuing a development path suited to its national conditions, opposes interference by external forces in Tunisia's internal affairs, **and believes that Tunisia has the wisdom and ability to safeguard national stability and development**. China appreciates that Tunisia highly values the collective cooperation between China and Arab states and actively supports the collective cooperation between China and Africa. China is ready to work together with Tunisia to consolidate and deepen the China-Tunisia friendly cooperative relationship for greater development of China-Arab and China-Africa collective cooperation. (Ministério das Relações Exteriores da República Popular da China, 2021, grifo nosso).

O elogio a um governo amigo durante um evento diplomático não é surpreendente, nem a repetição do discurso feito pela diplomacia chinesa no segundo texto e pelo Ministro das Relações Exteriores. O que é surpreendente é Xi delinear com tanta clareza a ideologia da estabilidade, essencialmente confirmando que o apoio chinês à Tunísia está relacionado com a capacidade do governo de manter a estabilidade. Dessa vez, discursos sobre "democracia" deram vez a um "caminho de desenvolvimento" coerente com as condições nacionais da Tunísia, deixando a posição chinesa clara. As evidências também se mostraram compatíveis com a ideia de ideologia de estabilidade devido à alta consistência da posição chinesa ao longo do período — a estadunidense, em comparação, flutuou após o anúncio de um novo governo ainda que isso tenha sido ultimamente infrutífero.

A confiança na ideologia de estabilidade como indicador do comportamento de política externa chinês é ampliada a partir desse teste. Em termos bayesianos, houve p(h) alto, devido à boa carga teórica a priori do componente, alto, devido à consistência do comportamento chinês, e médio a baixo, indicando evidências surpreendentes. Isso leva a um alto aumento da confiabilidade na hipótese, expressa em — o aumento só não é mais significativo porque, como já indicado, o componente já gozava de forte apoio na bibliografia.

4.2 PRIORIZAÇÃO DO DESENVOLVIMENTO ECONÔMICO

O componente da priorização do desenvolvimento econômico é, assim como a ideologia de estabilidade, um atributo bastante consolidado da política externa chinesa. Portanto, o valor de p(h) pré-análise empírica é novamente considerado alto. Aplicado ao *peacebuilding* chinês, o foco no desenvolvimento econômico proclamado pela política chinesa afirma que a violência e conflitos advêm principalmente de privação material — a pobreza seria a causa última da violência política.

Portanto, o teste empírico elaborado é do tipo *smoking gun.* Esse tipo de teste possui um caráter decisivamente positivo — se o componente do mecanismo passar nos critérios impostos, a confiança nele aumentará, possivelmente de forma significativa. Porém "falhar" no teste não reduz muito a confiança na hipótese — como visto anteriormente, a priorização do desenvolvimento econômico é um aspecto fundamental das relações exteriores chinesas há décadas, e uma falta de correspondência com o caso tunisiano não significa que o componente deva ser descartado completamente. Por exemplo, uma explicação plausível para a "falha" no teste que não envolveria o descarte do componente seria um relativo desinteresse da China no país após a Primavera Árabe, devido ao risco associado a fazer investimentos em um país instável. Para a análise, foi utilizado o banco de dados *AidData*, que rastreia mais de 20 mil projetos financiados oficialmente pela China em 165 países, no período de 2000 a 2021, na versão disponível no momento da escrita deste trabalho. Todos os valores monetários em dólares são ajustados para o ano de 2021 (Custer *et al.*, 2023).

Para medir o propósito e os principais objetivos de cada projeto no banco de dados, os organizadores do *AidData* elaboraram cinco categorias: desenvolvimento, comercial, representacional, misto e militar. Projetos na categoria de desenvolvimento têm como objetivo primário a promoção do desenvolvimento econômico e bem--estar no país recipiente. Já a categoria comercial engloba projetos que buscam promover os interesses comerciais do país de origem, como a promoção da exportação de produtos chineses. Projetos representacionais buscam estabelecer uma relação bilateral com o recipiente ou promover a cultura e valores da China (um exemplo comum é o estabelecimento de um Instituto Confúcio[5]). Projetos mistos ocorrem quando não é possível identificar o propósito primário da ação, sendo uma combinação de fatores, e projetos militares buscam promover interesses securitários chineses ou fortalecer as capacidades militares do recipiente. O mecanismo causal prevê que a maioria dos projetos tem como propósito o desenvolvimento, pois a ligação entre desenvolvimento e paz é enfatizada na retórica chinesa (Adhikari, 2021).

Foram registrados um total de 75 projetos recomendados para estudo agregado (excluindo projetos guarda-chuva e com dados insuficientes) pelo banco de dados. Destes, foram delimitados 34 projetos cujo compromisso foi estabelecido entre 2011 e 2021, totalizando US$ 306,97 milhões investidos. É importante considerar que 15 projetos envolvem doações e assistência técnica sem algum tipo de valor associado, portanto uma simples análise monetária não revela toda a presença chinesa na Tunísia. O Gráfico 1, a seguir, traz a classificação dos projetos analisados:

---

[5] Organização ligada ao Ministério da Educação chinês que tem como objetivo a promoção da língua e cultura chinesas.

Gráfico 1 – Classificação de projetos chineses na Tunísia

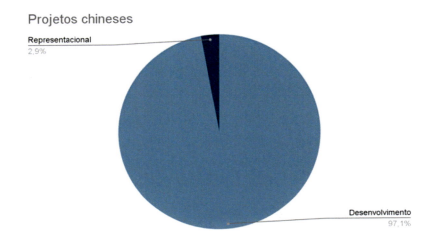

Fonte: elaborado pelo autor com base em Custer *et al.* (2023)

Apenas um projeto de caráter representacional foi rastreado: o estabelecimento de um Instituto Confúcio na Universidade de Cartago em Túnis, em 2017. Todos os outros 33 projetos têm como propósito o desenvolvimento. Além disso, retomando a metodologia de Dreher *et al.* (2018), todos esses 33 foram classificados como sendo ODAs, que, no contexto da política de investimentos da China, tendem a ter um caráter político, de promoção dos interesses estratégicos do país. Isso reforça a confiança no modelo de *peacebuilding* chinês como um todo, pois mostra que são interesses políticos, e não puramente econômicos ou comerciais, que guiam as ações da China na Tunísia. Esse conjunto de evidências é particularmente surpreendente, devido ao altíssimo número de projetos de desenvolvimento, e altamente compatível com a hipótese.

O maior número de projetos, totalizando 14 projetos separados, foi no setor de saúde. Isso não foi somente uma resposta à pandemia da Covid-19: oito desses projetos foram idealizados antes da declaração da Covid-19 como pandemia em 2020. Há dois motivos para tal. O primeiro é uma tradição na relação entre China e Tunísia:

desde 1973, a China envia equipes médicas em caráter rotativo para fornecer serviços gratuitos de assistência para a Tunísia. O segundo se deve à ligação explícita que o governo chinês faz entre saúde e desenvolvimento. Em 2016, durante a Conferência Nacional de Saúde realizada no país, Xi Jinping afirmou que

> [...] health is a prerequisite for people's all-round development and a **precondition for economic and social development**. Conversely, he also stressed that if the problems in the health sector are not effectively addressed, people's health may be seriously undermined, potentially compromising economic development and social stability (Organização Mundial da Saúde, 2016, grifo nosso).

Portanto, as ações internacionais da saúde chinesa devem ser vistas como uma extensão da priorização do desenvolvimento econômico, devido à visão ampla que o governo chinês tem sobre essa matéria. Além disso, a menção específica à estabilidade social reforça o componente visto na subseção anterior (a ideologia de estabilidade). A linguagem clara (inclusive evitando o uso de termos relacionados a direitos humanos e justiça social) usada pelo presidente chinês aumenta a compatibilidade da evidência encontrada com o componente do mecanismo, e a observação de que a maioria dos projetos de saúde foram realizados fora do período pandêmico também é surpreendente.

Novamente detecta-se um expressivo aumento na confiança em relação ao mecanismo causal. O p(h) inicial é alto, devido à importância histórica do desenvolvimento econômico na política chinesa. O p(e) é baixo, indicando evidências bastante surpreendentes, e o p(e|h) é alto, indicando alta compatibilidade das evidências encontradas com o componente. Isso leva a um grande aumento da confiança no mecanismo, expressa em p(h|e), em relação a pesquisas anteriores.

4.3 ESTADOCENTRISMO

O componente de estadocentrismo é mais implícito do que os outros dois anteriores. Embora o Estado chinês seja historicamente proeminente, com pouco espaço para a atuação de organizações que não estejam ligadas ao governo, o engajamento com ONGs é visto como uma possibilidade pela própria liderança chinesa, inclusive na própria Tunísia (Ministério das Relações Exteriores da República Popular da China, 2022). Além disso, Adhikari (2021) nota que o estadocentrismo chinês no *peacebuilding* não é absoluto, e que o país tem reconhecido as limitações de uma abordagem estadocêntrica e tentado estabelecer um engajamento a múltiplos níveis. Portanto, a confiança prévia nesse componente é média, menor do que os anteriores.

Dessa forma, o teste empírico escolhido é um *hoop test*. Esse tipo de teste possui alta assertividade, mas pouca unicidade. Em outras palavras, é um teste desenhado para ser decisivamente negativo. Falhar no teste reduz significativamente a confiança na hipótese, porém ter sucesso pouco serve para aumentar a confiança nela — uma comparação pode ser feita com perguntas de interrogatório, como "O acusado estava no país no dia do crime?". Se o suspeito não estava no país, isso o inocenta imediatamente, mas ele estar no país não confirma que é de fato o culpado pelo crime. Portanto, para ter ganhos de confiança mais significativos, este trabalho optou por fazer dois *hoop tests* consecutivos. O primeiro trata dos recipientes de investimentos e ajuda chinesa a partir de dados do *AidData* — o mecanismo causal prevê poucos projetos em colaboração com ONGs. Em segundo lugar, busca-se analisar a presença e engajamento de ONGs chinesas na Tunísia.

Dentre os 34 projetos do banco de dados, há dois critérios de classificação de interesse para este trabalho. Em primeiro lugar, a classificação por setor, dividida em Agricultura, Silvicultura e Pesca; Comunicações; Educação; Resposta Emergencial; Energia; Governo e Sociedade Civil; Saúde, Outra Infraestrutura Social; Políticas Comerciais e Regulação e Transporte e Armazenamento. Será analisado o setor de Governo e Sociedade Civil para buscar possíveis projetos chineses com vistas a desenvolver o terceiro setor tunisiano. Também é possível buscar na classificação do tipo agência recipiente direta — nesse caso, excluem-se agências do governo e empresas estatais, deixando agências de tipo Miscelâneo, Organizações da Sociedade Civil, ONGs e fundações.

Há dois projetos classificados como sendo pertencentes ao setor de Governo e Sociedade Civil. Esse setor é também o maior de todos em termos monetários, sendo sozinho responsável por 25% (77,46 milhões de dólares) do investimento em dinheiro no país. Nenhum dos dois está relacionado com o desenvolvimento da sociedade civil. O primeiro, realizado entre 2018 e 2021, refere-se a uma concessão monetária para a construção de uma academia diplomática na Tunísia. O segundo foi uma injeção de cerca de 44 milhões de dólares para um "projeto de manutenção de estabilidade", assinado pelo ministro tunisiano de Assuntos Econômicos, Hatem Ferjani. Há poucos detalhes sobre tal projeto, mas não há qualquer evidência de envolvimento de agências não governamentais no assunto. O apoio a uma academia diplomática sugere algum esforço de disseminação de normas, enquanto a linguagem usada no segundo projeto talvez indique uma ação inspirada pela ideologia de estabilidade.

Quatro projetos foram identificados como tendo recipientes ou classificados como "agências miscelâneas" ou ONG/Organização da Sociedade Civil/Fundação. O primeiro, realizado em 2014, foi uma doação de 15 mil dinares tunisianos (cerca de US$ 9.800) para uma fundação de caridade. Em 2017, a agência de notícias estatal *Xinhua* realizou um projeto de assistência técnica para auxiliar a Tunis Afrique Presse, agência de notícias da Tunísia, a digitalizar um arquivo de 1,5 milhão de fotos para criar um álbum de imagens históricas. No mesmo ano, iniciou-se o processo de instalação do Instituto Confúcio na Universidade de Cartago (uma universidade privada), ação já mencionada na subseção anterior e concluída em 2019. Por fim, em 2019, a Embaixada Chinesa doou materiais culturais e esportivos para o Centro da Juventude El Menzah VI, como raquetes e mesas para tênis de mesa, esteiras, bicicletas etc. Nota-se também que o centro de juventude foi inicialmente concluído graças a um empréstimo governamental chinês em 1990 e também atualizado com uma concessão chinesa em 2013 (não detectada na análise inicial de dados porque o compromisso para o projeto foi feito em 2009, dois anos antes da delimitação utilizada) em parceria com o governo da Tunísia (Custer *et al.*, 2023).

Esse *hoop test* inicial, em dois estágios, pouco atualiza a confiança na hipótese. Embora tenha revelado que ONGs e outras agências não governamentais tunisianas pouco se envolvem com os projetos chineses no país, o que é um ponto a favor do componente, a evidência não é particularmente surpreendente.

O segundo *hoop test* busca medir a participação de ONGs e agências não governamentais advindas da China na Tunísia. Para tal fim, foi consultado o relatório da plataforma China Development Brief, uma organização chinesa sem fins lucrativos fundada em 1996 que tem como objetivo realizar uma cobertura do terceiro setor na China. Nenhum dos 62 projetos internacionais de ONGs identificados pela organização opera na Tunísia (China Development Brief, 2023). Outro banco de dados, denominado *Chinese NGO Internationalization Database,* foi encontrado, mas não pôde ser acessado na íntegra, pois o site de seu projeto, a *Belt and Road Research Platform,* da Universidade de Leiden, estava indisponível no momento da análise por motivos indeterminados. Um acesso pela Wayback Machine indica três projetos de ONGs chinesas na Tunísia que não puderam ser analisados em maior detalhe devido à indisponibilidade da plataforma (a Wayback Machine arquivou somente a página principal e não os links com informações sobre países específicos no banco de dados).

A escassez de dados e a própria natureza dos *hoop tests* como testes negativos impediu grandes aumentos na confiança nesse componente do mecanismo causal. As evidências não foram surpreendentes como as anteriores, tendo um p(e) médio a alto. A confiança anterior p(h) era média, pois havia incertezas quanto ao nível do estadocentrismo chinês. De qualquer forma, o mostrou-se médio a alto, devido à pequena quantidade de projetos envolvendo ONGs ser compatível com uma atitude estadocêntrica, embora a escassez de dados impeça afirmações conclusivas quanto a isso. Todo esse contexto gera apenas um pequeno aumento na confiança expressa em .

4.4 LÓGICA DE PRIORIZAÇÃO REGIONAL

A lógica de priorização regional está fortemente interligada com os componentes analisados anteriormente, ao reafirmar a importância de Estados regionais sobre atores vistos como externos, como outras grandes potências — ações de promoção da democracia podem ser vistas como uma interferência indevida nos assuntos internos de outro país, por exemplo. Tal lógica é vista como uma crença genuína (e não apenas como um discurso hipócrita, realista) por Adhikari (2021), algo contrariado por Westad (2020) e Fairbank (1969), conforme visto no capítulo anterior. Portanto, a confiança prévia no componente é média. O mecanismo causal prevê uma aproximação chinesa com a identidade regional, um engajamento razoável com organizações regionais/ONU e uma tentativa de distanciar o país de atores vistos como externos, como a Europa e os Estados Unidos. Os *hoop tests* serão feitos nesse sentido.

A proximidade que a China proclama com a Tunísia é muito baseada em uma identificação comum com países em desenvolvimento, conforme visto na subseção 4.1, sobre a ideologia de estabilidade. Esta é uma identidade chinesa comumente expressa há décadas, como visto no capítulo anterior. Porém não é a única forma utilizada para formar um senso de identidade comum. Dois exemplos, em 2012 e 2016, são relevantes para delinear a estratégia de identidade.

Em 2012, na ocasião do aniversário do tradicional envio de missões médicas para a Tunísia, o então embaixador chinês Huo Zhengde concedeu uma entrevista ao canal Phoenix TV para falar do assunto. Inicialmente, o embaixador traz uma contextualização histórica que destaca como o governo chinês, a partir da década de 1960, enviou tais equipes médicas como forma de promover a "amizade sincera" com outros países em desenvolvimento. Em seguida, fala de como a China sempre se esforçou para enviar excelentes médicos e como as equipes introduziram técnicas da Medicina Tradicional Chinesa que foram bem recebidas pela população. A narrativa sobre os serviços dos médicos chineses é heroica:

Nos últimos 40 anos, a equipe médica chinesa tem recebido a confiança do povo da terra natal, esforçou-se para levar adiante o espírito de patriotismo e humanitarismo internacional e superou todos os tipos de dificuldades para trabalhar e viver nas áreas remotas e subdesenvolvidas da Tunísia por um longo tempo, a fim de oferecer serviços médicos de alta qualidade para a população local que mais precisa desses serviços. Vale a pena ressaltar que 99 membros de equipes médicas chinesas serviram na Tunísia duas vezes, e o camarada Xu Jinshui participou de cinco grupos de equipes médicas na Tunísia. Os camaradas Cao Xianqing e Liu Jin Yun sacrificaram suas preciosas vidas na Tunísia devido a acidentes (Ambassade de la République Populaire de Chine en République Tunisienne, 2012, tradução nossa).

A amizade também é destacada:

Nos últimos 40 anos, a equipe médica chinesa tem se dedicado à pátria, é altruísta em seu trabalho e não tem medo de sacrifícios. Com seu espírito nobre e ações práticas, a equipe médica chinesa promoveu fortemente as relações de amizade e cooperação entre a China e a Tunísia e a amizade entre os povos chinês e tunisiano (Ambassade de la République Populaire de Chine en République Tunisienne, 2012, tradução nossa).

E a entrevista vai encerrando-se com o tradicional discurso de identificação pelo status de desenvolvimento:

A China e um grande número de países em desenvolvimento sempre se solidarizaram e se apoiaram mutuamente. No contexto dos esforços diplomáticos da China para criar ativamente um ambiente internacional favorável à modernização interna, os países em desenvolvimento em geral sempre foram parceiros nos quais podemos confiar e nos quais podemos contar. O envio de longo prazo de equipes de assistência médica estrangeiras pela China é uma manifestação vívida da política amigável do governo e do povo chinês em relação aos países em desenvolvimento e seus povos. (Ambassade de la Republique Populaire de Chine en Republique Tunisienne, 2012, tradução nossa).

Esse é um achado empírico importante, demonstrando que uma estratégia usada pela China envolve a contextualização da identidade compartilhada a partir da história local; nesse caso, a partir do trabalho e sacrifício dos médicos chineses desde a década de 1970. Essa instrumentalização da nostalgia, de internalização temporal, usada para aproximar-se de outros países, já fora detectada na revisão bibliográfica de Benabdallah (2021). Isso reforça a compatibilidade entre a evidência e a hipótese.

Essa nostalgia fica ainda mais evidente em um discurso feito por Xi Jinping para os países da Liga Árabe (da qual a Tunísia faz parte) em 2016. Dessa vez, a identificação não é apenas com o país, mas cultural e regional, aproximando-se da identidade árabe, e inclusive foi utilizada uma tática discursiva comum, a nostalgia pela Rota da Seda:

> It gives me great pleasure to meet with Arab friends. This is my first visit to the Arab world as Chinese President. First of all, on behalf of the Chinese government and people and in my own name, I wish to pay high tribute and extend best wishes to the Arab states and people.
>
> An ancient Chinese philosopher said, "Visit those who you feel close to even without meeting them before, and invite those you cannot forget long after your paths crossed." Coming to the Arab world, my colleagues and I all feel a sense of affinity. This is because in their exchanges across time and space, the Chinese and Arab peoples have been sincere with each other, forging friendship along the ancient Silk Road, sharing weal and woe in the fight for national independence, and helping each other in building their own countries. Such trust is unbreakable and cannot be bought with money (China Daily, 2016).

A escolha de palavras é altamente estratégica. Em primeiro lugar, ao mencionar que é sua primeira visita ao mundo árabe como presidente da China, Xi acaba dando mais ênfase à proximidade entre os chineses e árabes, pois essa afinidade vai além da conexão pessoal, estando enraizada em uma longa história compartilhada. E essa aproximação vai além de interesses estratégicos e econômicos — é uma confiança inquebrável, que não pode ser comprada. Se tal posição chinesa é efetivamente genuína, como afirma Adhikari (2021), não é de todo relevante para este trabalho, pois as intenções são uma variável difícil de quantificar. O que importa é que até então os vários discursos feitos no âmbito regional e nacional conformam-se de forma precisa com as expectativas traçadas a partir do mecanismo causal — em outras palavras, o mecanismo causal e seu componente da lógica de priorização regional conseguem prever a estratégia discursiva da política externa chinesa.

O componente também prevê um razoável engajamento com organizações regionais, ainda que o bilateralismo seja a abordagem mais favorecida. De forma prática, prevê-se, se organizações regionais fazem parte da estratégia chinesa de *peacebuilding*, estas devem participar dos projetos chineses detectados pelo *AidData*. Duas classificações do banco de dados são úteis para tal análise: a presença de cofinanciadores e a agência responsável pela implementação do projeto.

Apenas três dos quatro projetos possuem algum cofinanciador, e todos eles foram cofinanciados pela mesma instituição: o Banco de Desenvolvimento Africano, uma instituição multilateral ligada à União Africana[6]. Os três, implementados entre 2015 e 2020, consistem em empréstimos para modernizar a malha rodoviária tunisiana, desenvolver áreas de irrigação e equipar a rede de transmissão de energia elétrica, o que sugere que a China vê organizações regionais como parceiros relevantes em projetos de infraestrutura. Esses três foram implementados em conjunto com o *Africa Growing Together Fund*, fundo gerenciado pelo banco, indicando que a organização par-

---

[6] Organização internacional que reúne 55 países do continente africano, incluindo a Tunísia.

ticipou tanto do financiamento quanto da implementação. Mais dois projetos foram implementados em parceria com a Unicef (reitera-se que a lógica de priorização regional não exclui a ONU como ator), para doar equipamentos eletrônicos para o Ministério das Mulheres, Família, Crianças e Idosos da Tunísia, e outra doação de materiais e equipamentos para estabelecimentos para o bem-estar infantil.

Portanto, no total, cinco dos 34 projetos tiveram alguma participação de organizações regionais ou de uma agência da ONU; três dos cinco tiveram participação regional tanto no financiamento quanto na implementação em matéria de infraestrutura. O apoio regional em infraestrutura revela mais como organizações regionais são utilizadas na estratégia chinesa e, portanto, consiste em uma evidência surpreendente, e o envolvimento de organizações da ONU não diminui a compatibilidade com a hipótese porque é algo já previsto no mecanismo causal.

Por fim, analisa-se se a atuação da China no país representou uma ameaça aos interesses dos ditos "atores externos" na região. Primeiro, nota-se que, durante boa parte do período temporal analisado, o discurso chinês na Tunísia era bastante moderado, destacando oportunidades de cooperação e crescimento, além de interesses estratégicos, como visto em uma reunião do então Ministro das Relações Exteriores da China com sua contraparte tunisina:

> Wang Yi disse que as relações entre a China e a Tunísia são amigáveis há muito tempo, e os dois lados sempre se apoiaram mutuamente em questões relacionadas aos interesses centrais e às principais preocupações de cada um [...] A China apoia o desenvolvimento econômico e social da Tunísia e incentivará as empresas chinesas a investir e prosperar no país, esperando que a Tunisia ofereça políticas mais favoráveis e garantias de segurança para as empresas chinesas. A China aprecia o apoio da Tunísia à Iniciativa Belt and Road e está disposta a combinar a construção da Iniciativa com a implementação dos Dez Programas de Cooperação China-África e iniciativas de

> cooperação sob a estrutura do Fórum de Coo-
> peração China-África e a fortalecer a interface
> estratégica entre os dois países. A China apoia os
> esforços da Tunísia para manter sua própria esta-
> bilidade, está disposta a aumentar seu apoio aos
> esforços antiterrorismo do Tunísia e continuará
> a apoiar o lado do Tunísia no desempenho de um
> papel importante na promoção de uma solução
> política para a questão da Líbia (Ambassade de
> la République Populaire de Chine en République
> Tunisienne, 2017, tradução nossa).

Não há nada fora do esperado nessa fala, inclusive trazendo destaque para organizações regionais e para a questão da estabilidade, porém não há menção de atores externos que poderiam estar ameaçando a Tunísia. Esse discurso surgiu a partir do golpe de 2021 — ao mesmo tempo que as críticas, vindas principalmente dos EUA, se intensificaram, o discurso chinês levantava questões de não interferência e que a democracia não era monopólio do Ocidente, como visto na subseção 4.1 sobre a reação ao golpe. Isso sugere que a China enxergou tal acontecimento como uma oportunidade para intensificar seu discurso ligado à lógica de priorização regional, embora, como será visto na seção posterior, isso não esteja necessariamente ligado com o tipo de regime político (autoritário ou democrático) praticado, e sim com a aceitação ou rejeição de "atores externos".

Ainda não há indícios conclusivos dos resultados desse tipo de política. A presença chinesa na Tunísia ainda é bastante restrita, especialmente se comparado com países como os Estados Unidos e a França, e o *soft power* chinês no país ainda não avançou significativamente a ponto de influenciar a opinião pública. Apesar disso, uma deterioração das relações da Tunísia com o Ocidente pode criar um vácuo a ser ocupado pela China (Dugit-Gros; Henneberg, 2023). Independentemente da classificação da estratégia chinesa como "sucesso" ou "fracasso" no futuro, é importante notar que o mecanismo causal foi capaz de explicá-la de forma razoavelmente eficaz até agora.

Por conseguinte, é possível notar um aumento médio na confiança expressa em perante esse componente do mecanismo causal. A confiança inicial *p(h)* era média, devido a dúvidas levantadas na análise histórica realizada no capítulo anterior, especificamente a partir das análises de Fairbank (1969) e Westad (2020). Não se detectou, porém, uma doutrina de superioridade, e sim um discurso compatível com a identidade chinesa de país em desenvolvimento e próximo da Tunísia e região, inclusive utilizando-se de ferramentas nostálgicas como previsto na bibliografia. Ou seja, o é médio a alto. O) é médio, pois as evidências foram pouco surpreendentes ainda que ampliaram a compreensão da operação da lógica de priorização regional.

4.5 AVERSÃO A *TEMPLATES* DE POLÍTICA EXTERNA

Segundo Yuan (2022), há duas abordagens principais em relação ao papel chinês no paradigma do *peacebuilding* liberal (e, de forma mais ampla, do paradigma liberal-democrático dominante). A primeira afirma que a China seria uma potência revisionista, que, junto de outras potências autoritárias como a Rússia, trabalha ativamente para minar uma ordem internacional baseada em direitos humanos e desafia o universalismo da democracia ao disseminar normas e estruturas autoritárias. Já a segunda visão relativiza a intenção revisionista chinesa e afirma que a China é relativamente indiferente em relação a questões de direitos humanos, democracia e liberalismo — em outras palavras, não busca nem os consolidar nem os atacar diretamente. Essa divergência faz com que a confiança prévia no componente seja média.

O componente da aversão a *templates* é marcado por seu pragmatismo, isto é, não há princípios ideológicos absolutos na condução da política externa e do *peacebuilding* chinês, o que leva a uma rejeição de grandes planos abrangentes para a condução desse processo de reconstrução. Por isso, a aversão a *templates* de política externa é mais próxima da segunda visão, e, dessa forma, prevê que o tipo de regime político na Tunísia não é um fator determinante para o engajamento chinês.

Para tal fim, é possível construir um teste do tipo *smoking gun*, recorrendo novamente ao *AidData*, para colocar as duas perspectivas à prova. Como mencionado, o mecanismo causal prevê que o regime político não é um fator determinante, então espera-se que os períodos entre 2000 e 2010 (no qual a Tunísia estava sob o controle de um regime não democrático liderado por Zine El Abidine Ben Ali) e entre 2011 e 2020 (antes do golpe encabeçado pelo presidente Saied) tenham uma quantidade parecida de investimentos. Vale destacar que a mudança política promovida pela Primavera Árabe não mudou a posição tunisiana quanto ao reconhecimento da política de China Única (Dugit-Gros; Henneberg, 2023), uma das poucas grandes exigências que a República Popular da China faz em suas relações bilaterais.

No que tange ao primeiro período, o banco de dados registra um total de 41 projetos e um investimento somado de US$ 242,35 milhões. Um detalhe importante é de que seis desses projetos, incluindo um empréstimo de cerca de US$ 120 milhões, são classificados como sendo advindos de OOFs, que, segundo a pesquisa de Dreher *et al.* (2018), tendem a ser guiados por interesses comerciais e econômicos e não políticos.

No segundo período, houve 32 projetos envolvendo um total de US$ 303,37 milhões, sendo 31 classificados como ODAs. Ao diminuir ainda mais a delimitação temporal, para projetos idealizados até 2018 (pode-se argumentar que talvez a China tenha simpatizado com as pretensões autoritárias de Saied, que subiu ao poder em 2019), há 20 projetos e US$ 232,35 milhões investidos (Custer *et al.*, 2023). Essa não é uma evidência surpreendente, mas possui alta compatibilidade com a noção de pragmatismo e pouca com a hipótese alternativa, de que a China seria um país disseminador e apoiador do autoritarismo internacional. A seguir, inclui-se um gráfico com os valores investidos em dólares durante o período de 2011 a 2020:

Gráfico 2 – Investimentos chineses na Tunísia (2011-2020)

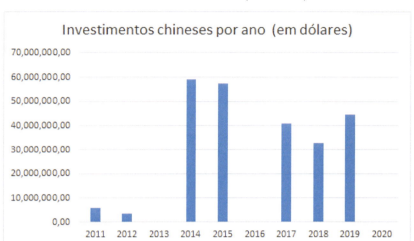

Fonte: elaborado pelo autor com base em Custer *et al.* (2023)

É importante ressaltar que 2014 foi o ano das primeiras eleições tunisianas após a Primavera Árabe, o que também corresponde a um salto nos valores investidos. Isso representa uma evidência razoavelmente surpreendente, reforçando a noção de que o regime político não é o fator decisivo. Esse atraso para retomar os projetos pode ser interpretado à luz da aversão a *templates* de política externa, já que a China não teria algum modelo prévio para lidar com tal situação. A ausência de valores investidos em 2020 pode ser possivelmente explicada pela pandemia da Covid-19, enquanto as lacunas em 2013 e 2016 requerem uma análise mais aprofundada que foge ao escopo deste trabalho.

O aumento de confiança, expresso em p(h|e), nesse componente é, desse modo, médio. Embora as evidências não tenham sido surpreendentes, elas mostraram ser altamente compatíveis com o componente se comparadas a hipóteses rivais, o que leva a um valor elevado para p(e|h) e médio para p(e). Assim, foi possível um avanço em relação ao p(h), já considerado médio devido à falta de consenso teórico sobre o assunto.

4.6 CONSIDERAÇÕES PARCIAIS DO CAPÍTULO

Em geral, foi observado um aumento de confiança em cada um dos componentes do mecanismo causal do *peacebuilding* com características chinesas. Esse aumento de confiança não é, porém, homogêneo. A ideologia de estabilidade, a partir de um teste duplamente decisivo com base na reação chinesa ao golpe de 2021 na Tunísia, e a priorização do desenvolvimento econômico, a partir de um teste *smoking gun* baseado em uma análise do banco de dados *AidData*, tiveram os maiores aumentos de $p(h/e)$ do mecanismo.

Os componentes da lógica de priorização regional e da aversão a *templates* de política externa observaram aumentos médios de confiança. O primeiro, verificado a partir de três *hoop tests* consecutivos, mostrou uma aproximação chinesa com a identidade árabe e tunisiana (a partir de mecanismos nostálgicos) e a participação de organizações regionais e da ONU em alguns projetos chineses. A retórica chinesa buscou afastar a Tunísia de "atores externos", mas ainda não foi possível verificar o sucesso de tal estratégia. O segundo foi verificado a partir de um teste *smoking gun* que mostrou que a mudança de regime político não foi o fator decisivo para o valor investido pela China no país, além de notar um alto valor de fluxos monetários do tipo OOF durante o período pré-Primavera Árabe e uma alta quantidade investida nos anos de 2014 e 2015, durante e após as primeiras eleições tunisianas.

O menor aumento de confiança foi visto no componente de estadocentrismo. Foram feitos dois *hoop tests* para avaliar o possível apoio chinês ao terceiro setor da Tunísia e participação de ONGs chinesas na estratégia de *peacebuilding*. O primeiro teste observou que a República Popular da China de fato não ofereceu apoio significativo para o crescimento do terceiro setor tunisiano, embora alguns projetos pontuais foram encontrados. O segundo teste foi limitado pela falta de dados — a plataforma China Development Brief não mostrou nenhum projeto de ONGs chinesas na Tunísia, enquanto o banco de dados, o *Chinese NGO Internationalization Database*, pôde ser acessado apenas parcialmente e indicou três projetos no país sem maiores detalhes. Embora tais evidências sejam compatíveis com a noção de estadocentrismo, elas pouco oferecem quanto à compreensão do componente.

A seguir, apresenta-se uma síntese esquematizada da análise empírica como um todo:

Figura 16 – Sumário dos achados empíricos do capítulo

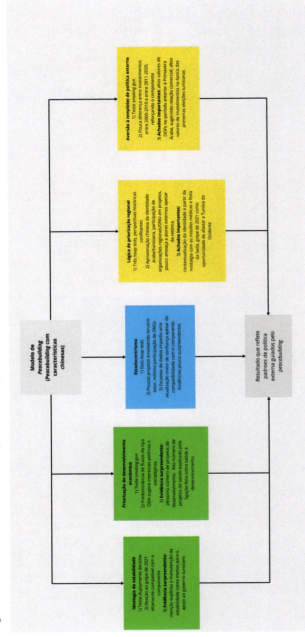

Fonte: elaborado pelo autor. A cor verde indica um alto aumento de confiança, amarelo médio aumento e azul pequeno aumento.

CONSIDERAÇÕES FINAIS

Esta pesquisa teve como objetivo analisar em que medida a atuação da República Popular da China na Tunísia após a Primavera Árabe (2011-2022) pode ser compreendida a partir das teorias de um *peacebuilding* com características chinesas". Para isso, foi elaborado um mecanismo causal, com base na técnica de *process tracing*, para determinar como as "forças causais" eram transmitidas de uma variável para outra. Também foi introduzida a lógica de inferência bayesiana que pauta o *process tracing*, como descrito por Beach e Pedersen (2013). Foram delineados três objetivos específicos para guiar o andamento do trabalho e testar duas hipóteses: a atuação chinesa pode ser explicada pelas ideias, ideologias e experiências históricas subjacentes ao conceito de *"peacebuilding* com características chinesas" e que há um propósito dual na prática deste *peacebuilding*, para a difusão de normas chinesas e integração de normas internacionais.

O primeiro capítulo consistiu em uma revisão aprofundada dos conceitos e teorias relevantes para a compreensão do assunto. Foram sistematizados, com base em Goertz (2020), conceitos no campo de *peacebuilding*, incluindo o *peacebuilding* com características chinesas proposto por Adhikari (2021), e conceitos ligados à contestação/integração de normas internacionais. Também foram reunidos conceitos relacionados à seletividade de narrativas históricas, identidade nacional e nostalgia, além de conceitos auxiliares para reforçar a análise empírica.

O segundo capítulo realizou uma retrospectiva histórica fundamentada em quatro obras: Fairbank (1969), Shambaugh (2020), Westad (2020) e Freeman Jr. (2020). Ao avaliar as narrativas históricas propostas, este trabalho guiou-se pelos atributos do *peacebuilding* chinês e a ideia de disseminação e integração de normas, relacionando tais conceitos com as experiências históricas descritas nas narrativas. Dessa forma, foi verificada a primeira hipótese. Notou-se uma dissonância entre o atributo da lógica de priorização regional e a noção de superioridade chinesa vista em Fairbank (1969) e Westad (2020), enquanto as outras obras trazem narrativas consistentes com o atributo. Por fim, foi elaborado um quadro para sintetizar e comparar as obras com base nos conceitos mencionados anteriormente.

O terceiro capítulo integrou a análise empírica do trabalho, a partir do caso da Tunísia entre 2011 e 2022. Utilizando a lógica de inferência bayesiana, buscou-se atualizar a confiança em cada um dos componentes do mecanismo causal. Foram observados significativos aumentos de confiança nos componentes da ideologia de estabilidade e priorização do desenvolvimento econômico; médio aumento para a lógica de priorização regional e aversão a *templates* de política externa e um pequeno aumento para o estadocentrismo, cuja análise foi marcada pela escassez de dados. Conclui-se que o *peacebuilding* com características chinesas é um modelo adequado para analisar a política externa chinesa em países instáveis devido a conflitos.

Em relação a pesquisas futuras, recomenda-se um estudo comparado entre dois países para verificar diferenças e semelhanças do *peacebuilding* chinês aplicado em contextos diversos. Também é recomendado um estudo mais aprofundado sobre a atuação internacional de ONGs chinesas, para compreender a maneira como essas organizações interagem com a política externa do país, e estudos focados no pragmatismo/aversão a *templates* e lógica de priorização regional na estratégia chinesa, pois esses atributos tiveram um aumento médio de confiança apenas.

REFERÊNCIAS

94e anniversaire de la fondation de l'armée populaire de Chine: « Ensemble, hissons les relations bilatérales à un niveau toujours plus élevé entre la Chine et la Tunisie et nos deux armées ». **La Presse**, 31 jul. 2021. Disponível em: https://lapresse.tn/104918/94e-anniversaire-de-la-fondation-de-larmee--populaire-de-chine-ensemble-hissons-les-relations-bilaterales-a-un-niveau-toujours-plus-eleve-entre-la-chine-et-la-tunisie-et-nos-deux-arme/. Acesso em: 13 nov. 2023.

ABB, Pascal. From 'Peaceful Rise' to Peacebuilder? How Evolving Chinese Discourses and Self-perceptions Impact Its Growing Influence in Conflict Societies. **Journal of Contemporary China**, v. 30, n. 129, p. 402-416, 4 maio 2021.

ACTING Assistant Secretary Lempert's Trip to Tunisia and Libya. **U.S. Embassy Tunis**, 22 out. 2021. Disponível em: https://tn.usembassy.gov/acting-assistant-secretary-lemperts-trip-to-tunisia-and-libya/. Acesso em: 11 nov. 2023.

ADHIKARI, Monalisa. Peacebuilding with "Chinese Characteristics"? Insights from China's Engagement in Myanmar's Peace Process. **International Studies Review**, v. 23, n. 4, p. 1699-1726, 15 dez. 2021.

ALDEN, Chris; LARGE, Daniel. On Becoming a Norms Maker: Chinese Foreign Policy, Norms Evolution and the Challenges of Security in Africa. **The China Quarterly**, v. 221, p. 123-142, mar. 2015.

AMBASSADE DE LA RÉPUBLIQUE POPULAIRE DE CHINE EN RÉPUBLIQUE TUNISIENNE. 张建国大使发表题为《民主是全人类的共同价值和各国的正当权利》的署名文章 (O embaixador Zhang Jianguo publicou um artigo assinado intitulado "A democracia é o valor comum de toda a humanidade e o direito legítimo de todas as nações"). **China Embassy**, 7 dez. 2021. Disponível em: http://tn.china-embassy.gov.cn/sgxw/202112/t20211208_10463747.htm. Acesso em: 11 nov. 2023.

AMBASSADE DE LA RÉPUBLIQUE POPULAIRE DE CHINE EN RÉPU-
BLIQUE TUNISIENNE. 张建国大使在突尼斯《新闻报》发表署名
文章《携手同心，推动中突两国两军关系迈上新台阶 (Embaixador
Zhang Jianguo publicou um artigo assinado no jornal tunisino La Presse-
"Trabalhar em conjunto para promover as relações entre a China e a
Tunísia e as duas forças armadas a um novo nível"). **China Embassy**, 31
jul. 2021. Disponível em: http://tn.china-embassy.gov.cn/sgxw/202112/
t20211208_10463747.htm. Acesso em: 11 nov. 2023.

AMBASSADE DE LA RÉPUBLIQUE POPULAIRE DE CHINE EN RÉPU-
BLIQUE TUNISIENNE. 驻突尼斯大使火正德就中国向突尼斯派
遣医疗队40周年接受凤凰卫视采访 (Embaixador na Tunísia, Huo
Zhengde, entrevistado pela Phoenix TV sobre o 40º aniversário da missão
médica da China na Tunísia). **China Embassy**, 8 maio 2012. Disponível
em: http://tn.china-embassy.gov.cn/sgxw/202112/t20211208_10463747.
htm. Acesso em: 11 nov. 2023.

AMBASSADOR Donald Blome Meeting with UGTT Secretary General
Noureddine Haboubi. **U.S. Embassy Tunis**, 1 nov. 2021. Disponível em:
https://tn.usembassy.gov/ambassador-donald-blome-meeting-with-u-
gtt-secretary-general-noureddine-taboubi/. Acesso em: 11 nov. 2023.

BALDWIN, D. A. **Economic Statecraft**: new edition. [*S.l.*]: Princeton
University Press, 2020.

BAN, Ki-moon. Decisions of the Secretary-General – 1 May 2007 Policy
Committee Meeting. **Arstor**, 10 maio 2007. Disponível em: https://library.
artstor.org/asset/25375534. Acesso em: 8 ago. 2023.

BEACH, Derek; PEDERSEN, Rasmus Brun. **Process-tracing methods**:
Foundations and guidelines. Michigan, EUA: University of Michigan
Press, 2019.

BENABDALLAH, Lina. Contesting the international order by integrating
it: the case of China's Belt and Road initiative. **Third World Quarterly**,
v. 40, n. 1, p. 92-108, 7 nov. 2018.

BENABDALLAH, Lina. Spanning Thousands of Miles and Years: Political Nostalgia and China's Revival of the Silk Road. **International Studies Quarterly**, v. 65, n. 2, p. 294-305, 8 jun. 2021.

BOUTROS-GHALI, Boutros. An agenda for peace: preventive diplomacy, peacemaking and peace-keeping: report of the Secretary-General pursuant to the statement adopted by the Summit Meeting of the Security Council on 31 January. 1992, 53 p.

CALL, Charles T.; DE CONING, Cedric. **Rising Powers and Peacebuilding**: Breaking the Mold? Cham: Springer International Publishing, 2017.

CHAZIZA, Mordechai. China's Friendly Cooperative Relations with Tunisia in the Age of the New Silk Road Initiative. **Journal of Balkan and Near Eastern Studies**, v. 23, n. 2, p. 301-320, 4 mar. 2021.

CHAZIZA, Mordechai. Six Years After the Arab Spring: China's Foreign Policy in the Middle East and North Africa. **The World Community and the Arab Spring**, p. 185-204, 27 jul. 2018.

CHINA DEVELOPMENT BRIEF. **Chinese NGOs Overseas**. 2023. Disponível em: https://chinadevelopmentbrief.org/projects-map-en/. Acesso em: 16 nov. 2023.

CINGOLANI, Luciana. The State of State Capacity: a review of concepts, evidence and measures. **UNU-MERIT Working Paper Series**, n. 2013-053, 2013.

COUNSELOR Chollet's Meeting with Tunisian Foreign Minister Jerandi. **U.S. Embassy Tunis**, 15 set. 2021. Disponível em:https://tn.usembassy.gov/counselor-chollets-meeting-with-tunisian-foreign-minister-jerandi/. Acesso em: 11 nov. 2023.

CUSTER, Samantha. *et al*. Tracking Chinese Development Finance: An Application of AidData's TUFF 3.0 Methodology. **William & Mary**, nov. 2023. Disponível em: https://www.aiddata.org/publications/aiddata-tuff-methodology-version-3-0. Acesso em: 15 nov. 2023.

DREHER, Axel; FUCHS, Andreas; PARKS, Brad; STRANGE, Austin M.; TIERNEY, Michael J. Apples and Dragon Fruits: The Determinants of Aid and Other Forms of State Financing from China to Africa. **International Studies Quarterly**, v. 62, n. 1, p. 182-194, 1 mar. 2018.

DUGIT-GROS, Louis; HENNEBERG, Sabina. China's Presence in Tunisia: How Far Has It Come, and Where Is It Headed? **The Washington Institute for Near East Policy**. Washington D.C, 2023. Disponível em: https://www.washingtoninstitute.org/policy-analysis/chinas-presence-tunisia--how-far-has-it-come-and-where-it-headed. Acesso em: 18 nov. 2023.

FAIRBANK, John. K. China's Foreign Policy in Historical Perspective. **Foreign Affairs**, v. 47, n. 3, p. 449, 1969.

FREEMAN JR., Chas W. China's National Experiences and the Evolution of PRC Grand Strategy. *In:* SHAMBAUGH, David. **China and the world**. Nova York: Oxford University Press, 2020. p. 37-59.

GALTUNG, Johan. Three Approaches to Peace: Peacekeeping, Peacemaking and Peacebuilding. *In:* GALTUNG, Johan (ed.). **Essays in peace research**. v. 2. Copenhagen: Ejlers, 1976. p. 282-304.

GOERTZ, Gary. **Social science concepts and measurement**. New and completely revised edition. Princeton: Princeton University Press, 2020.

HEADS of Mission joint statement on Tunisia: 10 December 2021. **U.S. Embassy Tunis**, 10 dez. 2021. Disponível em: https://tn.usembassy.gov/heads-of-mission-joint-statement-on-tunisia-10-december-2021/. Acesso em: 11 nov. 2023.

JACKSON, R.; SØRENSEN, G. **Introdução às Relações Internacionais**. 3. ed. Rio de Janeiro: Editora Schwarcz, 2016.

JARHEDE, Linus. **Protecting the Self**: Reproduction of Chinese Collective Memory through Participation in United Nations Peacekeeping Operations. 2022. Disponível em: https://su.diva-portal.org/smash/record.jsf?pid=diva2%3A1683598&dswid=-9260. Acesso em: 23 nov. 2023.

LEDERACH, John Paul. **Building peace:** sustainable reconciliation in divided societies. Washington, D.C.: United States Institute of Peace Press, 1997.

LEI, Zhao. Two Pillars of China's Global Peace Engagement Strategy: UN Peacekeeping and International Peacebuilding. **International Peacekeeping**, v. 18, n. 3, p. 344-362, jun. 2011.

MASTANDUNO, Michael. Economic statecraft, Interdependence, and national security: Agendas for research. **Security Studies**, v. 9, n. 1-2, p. 288-316, set. 1999.

MINISTÉRIO DE RELAÇÕES EXTERIORES DA REPÚBLICA POPULAR DA CHINA. Spokesperson's Remarks. **Fmprc**, 2021. Disponível em: https://www.fmprc.gov.cn/mfa_eng/xwfw_665399/s2510_665401/2535_665405/index_2.html. Acesso em: 11 nov. 2023.

MINISTÉRIO DE RELAÇÕES EXTERIORES DA REPÚBLICA POPULAR DA CHINA. Xi Jinping Meets with Tunisian President Kais Saied. **Fmprc**, 9 dez. 2022. Disponível em: https://www.fmprc.gov.cn/mfa_eng/topics_665678/2022/xjpcxfh/202212/t20221211_10988768.html. Acesso em: 11 nov. 2023.

NEWMAN, Edward; PARIS, Roland; RICHMOND, Oliver P. **New perspectives on liberal peacebuilding.** Tokyo: United Nations Univ. Press, 2009.

OATLEY, Thomas. **International Political Economy.** 6. ed. Nova York: Routledge, 2019.

OFFICE OF THE SPOKESPERSON. Situation in Tunisia. **Departamento de Estado dos Estados Unidos da América**, 26 jul. 2021. Disponível em: https://www.state.gov/situation-in-tunisia/. Acesso em: 11 nov. 2023.

OFFICE OF THE SPOKESPERSON. Secretary Blinken's Call with Tunisian President Kais Saied. **Departamento de Estado dos Estados Unidos da América**, 26 jul. 2021. Disponível em: https://www.state.gov/secretary-blinkens-call-with-tunisian-president-kais-saied/. Acesso em: 11 nov. 2023.

ORGANIZAÇÃO DAS NAÇÕES UNIDAS. **PEACEKEEPING:** TERMI-NOLOGY. United Nations Peacekeeping, [2017?]. Disponível em: https://peacekeeping.un.org/en/terminology. Acesso em: 8 ago. 2023.

PEACEBUILDING INITIATIVE. Introduction to peacebuilding: history. **Peacebuilding Initiative**, 2013. Disponível em: http://www.peacebuildinginitiative.org/index34ac.html. Acesso em: 11 ago. 2023.

ORGANIZAÇÃO DAS NAÇÕES UNIDAS. **Report of the Peacebuilding Commission on its first session.** 2007. Disponível em: http://www.securitycouncilreport.org/atf/cf/%7B65BFCF9B-6D27-4E9C-8CD3-C-F6E4FF96FF9%7D/PBC%20S2007458%20A62137.pdf. Acesso em: 11 ago. 2023.

ORGANIZAÇÃO MUNDIAL DA SAÚDE. **Healthy China 2030 (from vision to action).** 2016. Disponível em: https://www.who.int/teams/health-promotion/enhanced-wellbeing/ninth-global-conference/healthy-china. Acesso em: 16 nov. 2023.

PRESIDENT Xi's Speech at Arab League Headquarters. **China Daily**, 22 jan. 2016. Disponível em: https://www.chinadaily.com.cn/world/2016xivisitmiddleeast/2016-01/22/content_23191229.htm. Acesso em: 17 nov. 2023.

QUARTETO de diálogo nacional da Tunísia vence Nobel da Paz 2015. **G1**, São Paulo, 2015. Disponível em: https://g1.globo.com/mundo/noticia/2015/10/grupo-da-tunisia-vence-nobel-da-paz-2015.html. Acesso em: 10 nov. 2023.

READOUT by NSC Spokesperson Emily Horne of National Security Advisor Jake Sullivan's Call with President Kais Saied of Tunisia. **U.S. Embassy Tunis**, 1 ago. 2021. Disponível em: https://tn.usembassy.gov/readout-by-nsc-spokesperson-emily-horne-of-national-security-advisor-jake-sullivans-call-with-president-kais-saied-of-tunisia/. Acesso em: 11 nov. 2023.

READOUT from NSC Spokesperson Emily Horne on Senior Administration Officials Travel to Tunisia. **U.S. Embassy Tunis**, 13 ago. 2021.

Disponível em:https://tn.usembassy.gov/readout-from-nsc-spokesperson-emily-horne-on-senior-administration-officials-travel-to-tunisia/. Acesso em: 11 nov. 2023.

SCANLON, Helen; MURITHI, Tim. Peacemaking, Peacekeeping and Peacebuilding: Peacemaking, Peacekeeping and Peacebuilding. **The United Nations and Africa**: peace, development and human security, p. 22-28, 2007. Disponível em: https://www.jstor.org/stable/344e7e-82-0412-3563-8fdc-eb737c0c9ffc. Acesso em: 8 ago. 2023.

SHAMBAUGH, David. China's Long March to Global Power. *In:* SHAMBAUGH, David. **China and the World**. Nova York: Oxford University Press, 2020. p. 3-21.

STÄHLE, Stefan. China's Shifting Attitude Towards United Nations Peacekeeping Operations. **The China Quarterly**, n. 195, p. 631-655, 2008.

STATE Department Press Briefing On the Formation of a New Government. **U.S. Embassy Tunis**, 12 out. 2021. Disponível em:https://tn.usembassy.gov/state-department-press-briefing-on-the-formation-of-a-new--government/. Acesso em: 11 nov. 2023.

STATE Department Spokesperson Ned Price on Tunisia. **U.S. Embassy Tunis**, 25 set. 2021. Disponível em: https://tn.usembassy.gov/spokesperson-ned-price-on-tunisia/. Acesso em: 11 nov. 2023.

THE G7 Ambassadors in Tunisia issued the following statement on 6 September. **U.S. Embassy Tunis**, 6. set. 2021. Disponível em:https://tn.usembassy.gov/the-g7-ambassadors-in-tunisia-issued-the-following-statement-on-6-september/. Acesso em: 11 nov. 2023.

TUNISIA election: Kais Saied to become president. **BBC**, Londres, 14 out. 2019. Disponível em: https://www.bbc.com/news/world-africa-50032460. Acesso em: 10 nov. 2023.

TUNISIA'S president accused of 'coup' after dismissing PM. **Al Jazeera**, 25 jul. 2021. Disponível em: https://www.aljazeera.com/news/2021/7/25/tunisias-president-dismisses-prime-minister-after-protests. Acesso em: 10 nov. 2023.

TUNISIA'S president dissolves parliament, extending power grab. **Al Jazeera**, 30. mar. 2022. Disponível em: https://www.aljazeera.com/news/2022/3/30/tunisias-president-saied-dissolves-parliament Acesso em: 10 nov. 2023.

U.S. CONGRESSIONAL Delegation Led by Senators Chris Murphy and Jon Ossoff Met President Kais Saied. **U.S. Embassy Tunis**, 5. set. 2021. Disponível em:https://tn.usembassy.gov/u-s-congressional-delegation-led-by-senators-chris-murphy-and-jon-ossoff-met-president-kais-saied/. Acesso em: 11 nov. 2023.

VAN EVERA, Stephen. **Guide to methods for students of political science**. Ithaca, NY: Cornell University Press, 1997.

VENNESSON, Pascal. Case studies and process tracing: theories and practices. *In*: PORTA, Donatella Della; KEATING, Michael (ed.). **Approaches and methodologies in the social sciences**: a pluralist perspective. Cambridge: Cambridge University Press, 2008. p. 223-239.

WANG Yi Meets with Tunisian Foreign Minister Othman Jerandi. **Xinhua**, 30 nov. 2021. Disponível em: http://www.news.cn/english/2021-11/30/c_1310343145.htm. Acesso em: 13 nov. 2023.

WANG, Ying. Chinese NGO Internationalization Database. **Leiden Asia Centre**, 6 set. 2020. Disponível em: https://web.archive.org/web/20230514015407/https://www.beltroadresearch.com/ngo-map/. Acesso em: 16 nov. 2023.

WESTAD, Odd Arne. Legacies of the Past. *In:* SHAMBAUGH, David. **China and the World**. Nova York: Oxford University Press, 2020. p. 25-36.

YUAN, Xinyu. Chinese pathways to peacebuilding: from historical legacies to contemporary practices. **Pathways to Peace and Security**, n. 1, p. 26-45, 2020.

YUAN, Xinyu. The Chinese approach to peacebuilding: contesting liberal peace? **Third World Quarterly**, v. 43, n. 7, p. 1798-1816, 3 jul. 2022.